FÜR DIABETIKER

Ernährungsberaterinnen DGE: L. Nassauer/ A. Fröhlich-Krauel
Prof. Dr. Med R. Petzoldt

FÜR DIABETIKER

DAS BILDKOCHBUCH

Ärztlicher Rat, köstliche Rezepte für alle Diabetiker
und viele Tips für leichtes Gelingen

Bechtermünz

Das finden Sie in diesem Buch

Feines Gemüse, frische Salate und raffinierte Beilagen

Was Diabetiker sonst noch mögen . . .

Zum Nachschlagen

Tabellen

Der Inhalt des Buches von A–Z

Impressum

Über dieses Buch

Sie sind zuckerkrank und wissen sicher, daß die richtige Ernährung ein wichtiger Teil in der Behandlung Ihrer Zuckerkrankheit ist. Mit diesem »Kochbuch für Diabetiker« können Sie jetzt nach Ihrem persönlichen Geschmack und nach den Behandlungsregeln für Ihre Zuckerkrankheit ohne Probleme kochen und gut essen, denn es ist das Kochbuch mit der richtigen Idee: Jeder Diabetiker kann selbst seinen persönlichen Nahrungsbedarf feststellen und seinen Kostplan festlegen. So ist dieses Buch ein individuell nutzbares praktisches Kochbuch mit Rezepten von Gerichten, die ausgezeichnet schmecken.

Die richtige Ernährung für Diabetiker ist gesund, vollwertig, abwechslungsreich, gut schmeckend und praktisch; die Ernährung für Diabetiker ist damit eine ideale Kost für alle Menschen. Mit diesem Kochbuch werden alle Forderungen erfüllt, die an eine solche gesunde und vollwertige Kost für Jedermann gestellt werden. Die Empfehlungen beruhen auf den gesicherten Erkenntnissen der Wissenschaft über die Ernährung und über den Diabetes (die Zuckerkrankheit). Sie erlauben dem Diabetiker und damit auch Ihnen, mit wenigen Ausnahmen alles das zu essen und zu trinken, was gut schmeckt. Wichtig für jeden Diabetiker ist dabei, daß er nach Auswahl, Menge und Verteilung der Nahrungsmittel seinen durch die Diabetesbehandlung bestimmten persönlichen Nahrungsbedarf berücksichtigt. Damit wird die Ernährung des Diabetikers gesund, vollwertig, abwechslungsreich, gut schmeckend und auch individuell.

In diesem Kochbuch finden Sie Ihre Ernährung, Ihre Diät. Wir haben, um Sie bei Ihrer Diät zu unterstützen, ein System benutzt, das Ihnen den Weg zu Ihrem persönlichen Kostplan und zu den Wunschrezepten leicht macht (Seite 7). Wenn Sie von Ihrem Arzt oder von der Ernährungsberaterin schon einen eigenen Diätplan bekommen haben, finden Sie sich auch damit leicht in diesem Kochbuch zurecht.
Sie können mit dem Kochbuch aber auch selbst Ihren persönlichen täglichen Energiebedarf feststellen und sofort Ihren individuellen Kostplan aus vier ausführlich dargestellten Möglichkeiten finden (Seiten 14 bis 17). Jeder dieser vier Kostpläne sichert Ihnen eine bestimmte durchschnittliche Energiezufuhr. Sie können selbst bestimmen, ob für Sie eine Kost von 1200, 1500, 1800 oder 2200 kcal richtig ist. Jeder Kostplan bietet Ihnen eine Vielzahl von reizvollen und abwechslungsreichen Beispielen für alle Mahlzeiten des Tages.

Das »Kochbuch für Diabetiker« enthält Grundinformationen, die jeder Diabetiker wissen muß, und Beispiele, wie er für sich richtig kochen kann. Die wichtigsten Informationen über den Diabetes, über die Stoffwechselstörung und über die richtige Diabetesbehandlung sind übersichtlich dargestellt (Seiten 8 und 9). Auch die häufige Verbindung des Diabetes mit anderen Erkrankungen und Stoffwechselstörungen (Seiten 10 und 11), die wichtigsten Begriffe aus der Ernährungslehre und Diätetik (Seite 12 und 13) werden übersichtlich beschrieben.

Neben diesen allgemeinen Informationen finden Sie auch eine Beschreibung der ständigen wissenschaftlichen Diskussionen zu Ernährungsfragen und über die Voraussetzungen, die wir bei den vielen Rezepten in diesem Kochbuch zugrunde gelegt und berücksichtigt haben. Danach können Sie selbst planen und feststellen, welche tägliche Energiezufuhr mit der Nahrung für Sie am günstigsten ist. Mit vier Beispielen wird verdeutlicht, wie man seine Wahl zwischen den vier verschiedenen Kostformen am besten und möglichst persönlich trifft (Seiten 14 bis 17).

Nach dieser Übersicht über die vier Kostformen mit Tagesplänen und nach einer anregenden bildlichen Darstellung der zur Wahl stehenden Mittagsmenüs für die vier Kostformen (Seiten 14 bis 17) folgen dann die vielen Rezepte für alle Mahlzeiten im Tagesablauf des Diabetikers (ab Seite 22).

Jedes Rezept wurde exklusiv für dieses Buch fotografiert und mehrfach ausprobiert. Alle Rezepte lassen sich mit den ausführlichen Hinweisen zur Zubereitung leicht herstellen. Sie enthalten außerdem die wichtigsten Angaben über ihre Zusammensetzung. Die Angaben erfolgen in praktischen »gerundeten« Zahlen. Sie können deshalb ganz sicher sein, daß die Rezepte in der Zusammensetzung für Sie richtig sind.
Mit dem Kochbuch »Für Diabetiker« ernähren Sie sich als Diabetiker gesund, vollwertig und individuell. Wir wünschen Ihnen guten Appetit!

Luise Nassauer
Annemarie Fröhlich-Krauel
Rüdiger Petzoldt

Wichtiger Hinweis

Die Ratschläge und Rezepte in diesem Buch stammen von Fachleuten und sind erprobt. Die medizinische Forschung auf diesem Gebiet ist nicht abgeschlossen. Zu Einzelfragen werden auch von namhaften Wissenschaftlern abweichende Meinungen vertreten. Darüber hinaus reagiert jeder Organismus anders. Deshalb darf eine Diät zur Linderung von Beschwerden oder Krankheiten – ebenso wie jedes Medikament – nicht ohne Rücksprache mit dem Arzt durchgeführt werden. Sprechen Sie also unbedingt zunächst mit Ihrem Hausarzt, bevor Sie mit der Diät beginnen.

Der Weg zu Ihrem Kostplan und den Rezepten

»Für Diabetiker« – das ist der Titel und die Absicht dieses Bildkochbuches. Mit den Empfehlungen und Rezepten dieses Kochbuches sollen alle interessierten Diabetiker ihre persönliche Behandlung und ihre eigene Kost verwirklichen können. Sie sollen »Ihre« Diabetesbehandlung und damit auch »Ihre« Ernährung selbständig und erfolgreich durchführen.
Denn Ihr Arzt hat Ihnen gesagt, daß Sie wegen Ihrer Zuckerkrankheit eine dafür richtige Ernährung einhalten müssen. Wir können Ihnen versichern, daß Sie dies mit Erfolg und Genuß tun können.

Das Ziel

Das Ziel dieses Kochbuches ist es, Ihnen Wege zu einer gesunden, vollwertigen, abwechslungsreichen, gut schmeckenden und individuellen Ernährung zu zeigen. Als Diabetiker sollten Sie beim Zusammenstellen Ihrer Ernährung und bei der Benutzung dieses Kochbuches zwei wichtige Empfehlungen beachten:

- Essen Sie nach Ihrem persönlichen Bedarf.
- Bauen Sie jedes Rezept in Ihren persönlichen Tagesplan ein.

Ihren persönlichen Bedarf können Sie mit Hilfe unserer Angaben in diesem Buch leicht feststellen. Auch Ihren persönlichen Kostplan können Sie sich selbst zusammenstellen, wenn Sie nicht schon eine gründliche Empfehlung dafür durch Ihren Arzt oder durch Ihre Ernährungsberaterin erhalten haben.

Zwei Wege führen zum Ziel:

Es gibt zwei Wege, die Sie wählen können, wenn Sie nun dieses Kochbuch dazu benutzen wollen. Beide Wege können Sie nach einem festen Plan durchschreiten und so zu Ihrem gewünschten Ziel kommen:

- Sie möchten sich gerne Ihren Kostplan aufbauen.
Wir empfehlen Ihnen dann:
Wählen Sie dazu den »Aufbauweg«.
- Sie wünschen sich sofort ein schönes Rezept.
Wir empfehlen Ihnen:
Wählen Sie dazu den »Rezeptweg«.

Aufbauweg:	Persönlicher Bedarf →	Kostplan →	passendes Rezept
Diesen Aufbauweg sollten Sie dann wählen, wenn Sie das Buch von Anfang an lesen.	Bestimmen Sie Ihren persönlichen Bedarf (siehe Seite 13).	Entscheiden Sie sich für Ihren Kostplan (siehe Seite 14–17).	Bauen Sie jede Mahlzeit und jedes Rezept in Ihren Kostplan ein.

Rezeptweg:	Gewünschtes Rezept →	Persönlicher Bedarf Kostplan →	passendes Rezept
Wenn Sie sich zuerst ein Rezept aussuchen, dann sollten Sie einen kurzen »Umweg« machen und sich fragen:	Im Rezept wird der Energie- und Kohlenhydratgehalt angegeben – kann ich das unbesorgt essen?	Bestimmen Sie Ihren persönlichen Bedarf (siehe Seite 13). Wählen Sie dann Ihren Kostplan (siehe Seite 14–17).	Entscheiden Sie sich für das passende Rezept.

Es ist also ganz einfach und sicher, wenn Sie sich bei der Benutzung des Kochbuches so entscheiden, wie Sie es wünschen. Denn unabhängig davon, ob Sie sich nun für den »Aufbauweg« oder ein anderes Mal für den »Rezeptweg« entscheiden, Sie brauchen Ihren Weg zum gewünschten Ziel, das heißt entweder zu Ihrem Kostplan oder zu Ihrem Rezept, nur einmal zu durchschreiten.
Übrigens: Sie werden damit nie Außenseiter am Eßtisch der Familie sein, für den extra gekocht werden müßte. Im Gegenteil: Die Rezepte dieses Buches, die Sie mit dem »Aufbauweg« oder mit dem »Rezeptweg« gewählt haben, sind nicht nur für Diabetiker sondern für alle ernährungsbewußten Menschen günstig – und immer für 2 Personen berechnet.

Unser Tip

Damit Sie es beim Suchen und Finden Ihres persönlichen Kostplanes einfacher haben, empfehlen wir Ihnen folgendes: Legen Sie ein Lesezeichen zwischen die Seiten, auf denen Sie Ihren persönlichen Kostplan gefunden haben. Auf das Lesezeichen können Sie die wichtigsten Angaben schreiben, die Sie sich merken wollen und die Sie für die Entscheidung über Ihren Kostplan brauchen: Ihr aktuelles Gewicht, Ihr Sollgewicht, Ihren Energiebedarf und Einzelheiten über Ihren Tagesplan.

Wissenswertes über den Diabetes

Die Zuckerkrankheit, medizinisch der Diabetes, stellt den Diabetiker vor manche Aufgaben. In diesem Kapitel geben wir Ihnen einige grundsätzliche Informationen über diese Krankheit.

Diabetes mellitus – eine Stoffwechselstörung

Vielleicht haben Sie Ihren Diabetes an einer übermäßigen Harnausscheidung und an vermehrtem Durst bemerkt. Nach diesen schon seit Jahrtausenden bekannten Krankheitszeichen erhielt die Zuckerkrankheit den heute gebräuchlichen wissenschaftlichen Namen. »Diabetes« bedeutet schneller Durchfluß und »mellitus« honigähnlicher Geschmack des Harns.
Der Diabetes ist eine Stoffwechselkrankheit, bei der die natürlichen Stoffwechselvorgänge gestört sind. Besonders die Verwertung von Kohlenhydraten ist davon betroffen.
Kohlenhydrate sind Bestandteile vieler Nahrungsmittel, sie sind enthalten in Getreide und Getreideerzeugnissen, Kartoffeln, Reis, Obst, Gemüse, Milch und Milchprodukten. Die mit der Nahrung aufgenommenen Kohlenhydrate werden im Körper zu Traubenzucker abgebaut und fließen in einen großen Topf, das Blutgefäßsystem. Dadurch steigt im Blut die Konzentration des Blutzuckers vorübergehend und in bestimmten Grenzen an.
Die im Blut enthaltene Zuckermenge wird in mg/dl (Milligramm in Deziliter) gemessen. Beim Gesunden sind die Blutzuckerkonzentrationen normalerweise nüchtern unter 100 mg/dl und nach Nahrungsaufnahme höchstens 130 bis 140 mg/dl.
Für den richtigen Ablauf des Stoffwechsels sorgt das Insulin. Insulin ist ein Hormon, das in der Bauchspeicheldrüse, dem Pankreas, produziert wird. Von dort gelangt es aus dem Blut in die Organe und Zellen, um diese bei der Verarbeitung des Traubenzuckers zu unterstützen.
Beim Diabetes ist die Insulinproduktion gestört oder ganz aufgehoben, so daß die Regelung des Stoffwechsels gestört ist. Das hat direkte Folgen: Wenn Sie als Diabetiker kohlenhydrathaltige Nahrungsmittel essen, steigt die Blutzuckerkonzentration übermäßig an. Bei Blutzuckerwerten von mehr als 160 bis 180 mg/dl beginnt die Niere, einen Teil des Traubenzuckers aus dem Blut mit dem Harn auszuscheiden. Die erhöhte Blutzuckerkonzentration und die Ausscheidung von Zucker mit dem Harn sind für den Arzt wichtige Untersuchungsbefunde.
Der überschüssige Zucker kann nur mit großen Harnmengen ausgeschieden werden. Das Wasser dafür stammt aus dem Körper. Dadurch entsteht ein Wassermangel der Gewebe, der zum Durstgefühl führt. So lassen sich zwei typische Beobachtungen des unbehandelten oder schlecht behandelten Diabetikers leicht erklären, die großen Harnmengen und der ständige Durst. Der ausgeschiedene Traubenzucker fehlt den Muskeln als Brennstoff. Deshalb greift der Körper auf seine Energiereserven vor allem in der Leber und im Fettgewebe zurück; das Fettgewebe wird abgebaut. Der Diabetiker fühlt sich matt und nimmt ab.

Wodurch entsteht der Diabetes?

Fast ausnahmslos ist die Zuckerkrankheit eine erblich bedingte Stoffwechselstörung. Aber nicht die Krankheit selbst wird vererbt, sondern die Anlage zur Krankheit wird durch Vererbung weitergegeben.
In der Bundesrepublik Deutschland leben zur Zeit rund 4 Millionen Diabetiker. Bei den etwa 200 000 Typ I-Diabetikern kommt es wahrscheinlich durch bestimmte Infekte, vor allem durch eine selbstzerstörerische (sogenannte autoimmunologische) Reaktion des Organismus zur Auslösung der erblich vorgegebenen Zuckerkrankheit. Bei der großen Zahl der Typ II-Diabetiker spielen vor allem Übergewicht und Überernährung eine wichtige auslösende Rolle.

Verschiedene Diabetestypen und ihre Behandlung

Es gibt zwei Typen der Zuckerkrankheit. Beim Typ I-Diabetes liegt ein totaler Insulinmangel vor. Diese Diabetiker sind eher schlank, wenn sie zuckerkrank werden. Sie müssen immer Insulin spritzen; ebenso wichtig ist eine richtige Ernährung.
Typ II-Diabetiker sind fast immer übergewichtig. Dabei kommt es zu einer ungenügenden Wirkung des zunächst noch reichlich vorhandenen Insulins. Vor allem bei weiterbestehendem Übergewicht kann die Stoffwechselstörung nicht ausgeglichen werden. Die wichtigste Behandlungsmaßnahme für Typ II-Diabetiker ist deshalb die Gewichtsabnahme. Mit einer bedarfsgerechten Diät allein können Typ II-Diabetiker oft jahrelang erfolgreich behandelt werden. Erst danach ist eine zusätzliche Tabletten-Behandlung sinnvoll. Nach vielen Jahren kann auch für Typ II-Diabetiker die Insulinbehandlung notwendig werden, weil sie ihre Insulinreserven verlieren.

Welche akuten Gefahren können drohen?

Bei unbehandelten oder schlecht behandelten Diabetikern kann die Blutzuckerkonzentration ständig steigen. Es droht eine sogenannte Entgleisung des Stoffwechsels, die zum diabetischen Koma führen kann (Koma = tiefer Schlaf, Bewußtlosigkeit). Die Zeichen einer Stoffwechselentgleisung muß jeder Diabetiker kennen. Typisch sind: Durst, große Harnmengen, Mattigkeit und Gewichtsabnahme. Das lebensgefährliche Koma kündigt sich dann durch weitere Beschwerden an: Übelkeit, Erbrechen, Bauchschmerzen sowie Geruch von Aceton (etwa wie faule Äpfel oder Nagellack) in der Ausatemluft. Natürlich können Sie das Koma durch eine stets gute Diabetesbehandlung vermeiden.
Eine akute Störung vor allem bei Diabetikern, die Insulin spritzen, ist ein zu starker Abfall des Blutzuckers, die Unterzuckerung oder Hypoglykämie. Sie bemerken eine Unterzuckerung durch Unruhe,

Angst, Schweißausbruch, Blässe, Zittern, Herzklopfen, Herzrasen, Heißhunger, Kälte- und Hitzegefühl, Kopfschmerzen, Konzentrationsschwäche, Merkschwäche, Doppeltsehen, Schwindel, Gangunsicherheit und Kribbeln um den Mund. Aber auch schwere Störungen können auftreten, wie zum Beispiel auffälliges Verhalten, Benommenheit, Schläfrigkeit, Verwirrtheit, Sprachstörungen, Bewußtlosigkeit und Krampfanfälle.
Am häufigsten kommt es zu einer Unterzuckerung, wenn Sie die exakte Abstimmung Ihrer Behandlungsprinzipien – blutzuckersenkende Medikamente, blutzuckersenkende körperliche Belastung, blutzuckersteigernde Nahrungszufuhr – vernachlässigen. Eine Hypoglykämie tritt vor allem beim Vergessen einer der notwendigen Mahlzeiten und bei mehr körperlicher Bewegung mit den genannten Symptomen auf. Letztlich ist die bemerkte Unterzuckerung eine vorübergehende Störung, die das Wohlbefinden beeinträchtigt. Unterzuckerungszustände mit schweren Störungen sollten aber möglichst vermieden werden.
Es ist einfach, eine Unterzuckerung zu behandeln. Sie sollten dazu sofort rasch wirksamen Traubenzucker oder Zucker – mindestens 10 bis 20 Gramm – zu sich nehmen. Auch Obst kann in dieser Situation helfen, nicht richtig jedoch Schokolade oder Kuchen. Nur wenn Sie eine Unterzuckerung haben, ist Ihnen also auch Zucker erlaubt, ja sogar dringend zu empfehlen.

Folgeschäden

Folgenschwerer ist dagegen eine langdauernde schlechte Diabetesbehandlung mit hohen Blutzuckerwerten. Ob Ihr Diabetes schlecht oder gut eingestellt ist, läßt sich durch Messen der Blutzuckerkonzentration und durch Bestimmung des Zuckerhämoglobins feststellen (HbA_1 = »verzuckerter« roter Blutfarbstoff, der nach anhaltend hohen Blutzuckerwerten erhöht gemessen wird). Aber auch Sie selbst können durch regelmäßige Stoffwechselselbstkontrollen Ihre Stoffwechsellage beurteilen.
Ein schlecht eingestellter Diabetes gilt als Risikofaktor für die Entstehung von Gefäßschäden und ihren lebensbedrohenden schweren Folgekrankheiten. Sie sollten wissen, daß Diabetiker im Laufe ihrer Zuckerkrankheit wesentlich häufiger als Nichtdiabetiker an Durchblutungsstörungen in den verschiedenen Organen erkranken. Für Diabetiker typisch sind Veränderungen an den kleinen Gefäßen der Nieren und Augen. Auch die Arteriosklerose (im Volksmund »Gefäßverkalkung«), tritt bei Diabetikern vermehrt und besonders in jüngeren Jahren auf. Im schlimmsten Fall können diese Gefäßschäden zu lebensbedrohenden Erkrankungen führen wie Erblindung, chronisches Nierenversagen, Herzinfarkt, Schlaganfall und Gangrän (Brand, Geschwür) an den Füßen.

Ziele der Behandlung des Diabetes

Die Abhängigkeit der Folgeschäden von der Einstellung des Stoffwechsels macht besonders deutlich, wie wichtig eine erfolgreiche Diabetesbehandlung ist.
Ziel Ihrer Diabetesbehandlung ist deshalb eine gute Stoffwechseleinstellung, um zu

- verhindern, daß sich Ihre Zuckerkrankheit verschlimmert,
- vermeiden, daß akute Gefahren auftreten,
- helfen, daß Gefäßschäden seltener auftreten.

Mit einer dauerhaft ausgeglichenen Stoffwechseleinstellung erreichen Sie

- körperliches und seelisches Wohlbefinden,
- normale Leistungsfähigkeit,
- ungestörte Teilnahme am familiären, beruflichen und gesellschaftlichen Leben,
- eine günstige Lebenserwartung.

Der Arzt entscheidet über die richtigen und notwendigen Behandlungsmaßnahmen und kontrolliert in größeren Abständen Blutzucker und Harnzucker, um festzustellen, ob Ihr Diabetes gut eingestellt ist. Sie selbst müssen täglich die Behandlung durchführen. Dazu gehören eine regelmäßige Selbstkontrolle von Harnzucker und/oder Blutzukker und die Einnahme von Medikamenten. Besonders wichtig ist aber: Die richtige Ernährung ist Basis der Diabetesbehandlung. Auf die richtige Ernährung kommt es an!
Wichtig ist, daß Typ I-Dibabetiker neben der Insulinbehandlung immer auch eine Diät benötigen. Für Typ II-Diabetiker steht dagegen immer die Gewichtsabnahme im Vordergrund. Erst wenn das Normalgewicht erreicht ist, kann zusätzlich noch mit Tabletten oder später mit Insulin behandelt werden.

Der Diabetiker – Experte in eigener Sache

Ihre Ernährung (Diät), die notwendigen Tabletten oder das Insulin und die körperliche Betätigung müssen Sie sorgfältig aufeinander abstimmen. Nur so können Sie Ihren Stoffwechsel normalisieren. Wenn Sie den Diabetes gut behandeln, können Sie durchaus ein fast normales, glückliches und erfülltes Leben führen. Wie bei keiner anderen Krankheit müssen Sie sich stets als Partner des Arztes, ja als Ihr eigener Therapeut verstehen. Um sich erfolgreich selbst kontrollieren und behandeln zu können, brauchen Sie umfangreiche Kenntnisse über den Diabetes und dessen Probleme. Wenn Sie Ihr Wissen über Kontrolle und Behandlung täglich auch in die Tat umsetzen, dann erreichen Sie die Ziele der Diabetesbehandlung und sind »Experte in eigener Sache«.

Richtig ernähren in jeder Situation

Für alle Diabetiker gilt: Die richtige Ernährung ist ein wichtiger Teil der Diabetesbehandlung. Mit Ihrer Diät bleiben auch Sie fit, Sie können eine gute Diabeteseinstellung erreichen.

Gesunde Ernährung – rund um die Uhr

Ihre Diät soll gesund, ausgewogen und vollwertig sein. In diesem Buch berücksichtigen wir aktuelle wissenschaftliche Erkenntnisse über eine gesunde Ernährung. Dazu gehören: Individuelle bedarfsgerechte Energie, relativ hoher Kohlenhydratanteil, ausreichend Ballaststoffe, relativ geringer Eiweißanteil, wenig Fett und Cholesterin, Fett mit hohem Anteil an einfach und mehrfach ungesättigten Fettsäuren, ausreichend Vitamine und Mineralstoffe, wenig Salz.

Wenn Diabetiker krank werden

Natürlich können auch Diabetiker zusätzlich erkranken oder an chronischen Krankheiten leiden, die Sie dann auch bei der Ernährung berücksichtigen sollten.
So lassen sich bei Diabetikern häufiger erhöhter Blutdruck, Durchblutungsstörungen des Herzens, Herzschwäche und erhöhte Blutfette feststellen. Bei Bluthochdruck, Herzschwäche und Übergewicht sollten Sie abnehmen und die Salzzufuhr einschränken. Bei erhöhten Blutfetten kommt es ganz besonders auf eine gute Diabeteseinstellung und die richtige Nahrungsfett-Auswahl an. Wenn beides nicht wirkt, dann sollten Sie zusammen mit Ihrem Hausarzt eine medikamentöse Behandlung erwägen. Unsere Ernährungsempfehlungen und die Rezepte in diesem Buch helfen Ihnen dabei, auch diese anderen Krankheiten in den Griff zu bekommen.

Weniger oder mehr essen?

Hohes Fieber, Magen-Darm-Verstimmungen mit Übelkeit und Erbrechen oder Appetitlosigkeit können dazu führen, daß Sie nichts essen möchten. Wenn Sie auf Insulin angewiesen sind, dann müssen Sie auch weiter Insulin spritzen. Die Kohlenhydrate, die Sie dann ebenso brauchen, nehmen Sie am besten mit kleinen Mengen wie Tee oder Wasser auf, in dem Zucker gelöst ist. Auch Haferbrei oder Haferschleim hilft in solchen Situationen. In diesen Fällen sollten Sie immer einen Arzt rufen und ihn um Rat fragen.
Wenn Sie Insulin spritzen und Sport treiben oder sonst körperlich stark gefordert werden, kann leicht eine Unterzuckerung (Hypoglykämie) auftreten. Dem sollten Sie möglichst schon vorher entgegenwirken. Schon bevor Sie körperlich aktiv werden, sollten Sie zusätzlich kohlenhydrathaltige Nahrungsmittel, zum Beispiel Obst oder Brot, essen. Sollten danach dennoch Zeichen einer Unterzuckerung auftreten, dann essen Sie am besten 2–4 Stückchen Würfelzucker, eventuell auch Traubenzucker oder Obstsaft.
Sie sollten auch dann mehr kohlenhydrathaltige Nahrungsmittel essen, wenn Sie regelmäßig zu einer bestimmten Zeit im Laufe des Tages zu Unterzuckerungsreaktionen neigen. Diese manchmal notwendigen Änderungen Ihres Kostplanes können Sie sicher selbst gut beruteilen. Besprechen Sie Änderungen aber auch mit Ihrem Arzt, der die Weiterbehandlung Ihres Diabetes steuert.

Ihre individuelle Ernährung

Natürlich haben Sie gerade bei der Ernährung Ihre persönlichen Vorlieben und Abneigungen. Sicherlich haben Sie auch schon einmal spontan das gegessen und getrunken, was Ihnen am besten schmeckt. Geben Sie Ihren Vorlieben und Ihrem Appetit wirklich nach, dann nehmen Sie möglicherweise zuviel Fett, zuviel Zucker, zuviel Salz, zuviel Alkohol und viel zu viele Kalorien zu sich. Dabei kann dieses Zuviel bedeuten, daß Sie mit lebensnotwendigen Nährstoffen unterversorgt sind, weil wichtige Nahrungsbestandteile, wie zum Beispiel ballaststoffreiche pflanzliche Lebensmittel dabei zu kurz kommen. Das heißt aber nicht, daß Ihre Ernährungsweise langweilig oder fade sein muß. Halten Sie sich nur an unsere Tagespläne (Seiten 14 bis 17). Essen Sie lieber abends Ihre warme Mahlzeit, dann achten Sie auf die richtige Menge an Kohlenhydraten und Kalorien, die Ihr Kostplan für das Mittag- und Abendessen vorsieht. In diesem Buch sind die jeweiligen Mengen in den Rezepten vergleichbar und deshalb können Sie Mittagessen und Abendessen miteinander austauschen.

Essen außer Haus

Wenn Sie außer Haus oder auf Reisen essen möchten, sollten Sie wissen, was und wieviel Sie nach Ihrem Kostplan essen und trinken dürfen. Dann können Sie zum Beispiel im Restaurant ohne große Schwierigkeiten die richtige Auswahl aus dem Angebot treffen. Auch Einladungen können Sie ruhig annehmen, wenn Sie dabei auf ungeeignete Nahrungsmittel und Speisen verzichten. Der Gastgeber wird sicher Verständnis dafür haben.
Im Ausland lernen Sie fremde Ernährungsgewohnheiten kennen. Am besten informieren Sie sich vor Ihrer Reise ins Ausland über die dortigen Ernährungsgewohnheiten und das Nahrungsmittelangebot, um so gezielter können Sie sich auf die unbekannte Ernährung vorbereiten. Damit Sie auch zu Hause einige ausländische Spezialitäten genießen können, haben wir besonders beliebte Rezepte in dieses Kochbuch mitaufgenommen.

Auf die Gewürze kommt es an

Richtig würzen ist eine Kunst für sich. Exakte Vorschriften dafür gibt es nicht. Bereiten Sie Ihre Lieblingsgerichte so zu, wie sie Ihnen am besten schmecken. Würzen Sie nach Lust und Laune und lassen Sie Ihrer Phantasie freien Lauf. Ihr Motto sollte dabei sein: Nicht zuviel salzen, gekonnt würzen, richtig süßen.

Nicht zuviel salzen

Das bedeutet zwar nicht, ganz auf Salz zu verzichten. Aber: Vermeiden Sie eine übermäßige Salzzufuhr.
Dazu gilt:
- Verwenden Sie kein zusätzliches Salz im Haushalt.
- Verzichten Sie auf Lebensmittel, die mit Kochsalz konserviert sind.
- Verzichten Sie auf Lebensmittel, deren Geschmack mit Kochsalz »verbessert« wurde (zum Beispiel Erdnüsse, Salzstangen, Pommes frites).
- Verzichten Sie besser auf Lebensmittel in Dosen.
- Kochsalzersatz ist Geschmackssache, aber durchaus eine Alternative.
- Vermeiden Sie Gewürzmischungen, wie beispielsweise Flüssigwürze, gekörnte Brühe oder Aromat.
- Geben Sie Mineralwässern mit einem niedrigen Natriumgehalt den Vorrang.

Gekonnt würzen

Statt mit Salz können Sie die Gerichte hervorragend mit Kräutern und anderen Gewürzen zubereiten. Ob Paprika, Pfeffer, Curry, Muskat oder Zimt – »würzen ist Gefühlssache«. Höchstens ein oder zwei aufeinander abgestimmte Kräuter- oder Gewürzsorten sollten Sie an ein Gericht geben. Denn Gewürze sollen den Eigengeschmack der Speisen hervorheben und nicht übertönen. Nehmen Sie kleine Mengen. Oft reichen ein Spritzer, ein Schuß, eine Prise oder ein Hauch. Gemahlene Gewürze und besonders frische Kräuter sollten Sie erst nach dem Kochen zugeben. Dagegen entwickeln getrocknete Kräuter ihr Aroma beim Kochen.

Richtig süßen

Die Bedeutung des Zuckers in der Kost des Diabetikers wird zur Zeit heftig diskutiert. Zum Süßen empfehlen wir in erster Linie Süßstoffe, die kalorienfrei sind. Eine Alternative sind die Zuckeraustauschstoffe, die aber Kohlenhydrate und Kalorien enthalten, die Sie im Kostplan mitberechnen müssen. Schlanke Diabetiker mit guter Stoffwechseleinstellung unter intensivierter Insulintherapie können max. 30 g Zucker pro Tag in ballaststoffreichen Mahlzeiten zu sich nehmen.

Was Diabetiker trinken dürfen

Bei der Auswahl Ihrer Getränke müssen Sie den Gehalt an Kohlenhydraten und Kalorien beachten.
- Ohne Anrechnung können Sie Wasser, Mineralwasser, Diabetiker-Limonaden, Cola Light, Kaffee oder Tee ohne Zusatz trinken.
- Unter Anrechnung ihres Kohlenhydrat- und Kaloriengehaltes sind Milch, Joghurt, frisch gepreßte Fruchtsäfte, Diabetiker-Fruchtsäfte und Diabetiker-Fruchtsaftgetränke und Diabetiker-Obstdicksäfte begrenzt möglich.
- Für Sie ganz ungeeignet sind mit Zucker gesüßte Fruchtsaftgetränke, Obstdicksäfte, Limonaden, Cola-Getränke, Südweine, Süßweine, Liköre, handelsübliche Sekt- und alle Biersorten sowie gesüßte Aperitifs.

Alkohol muß nicht sein!

Eigentlich ist es allgemein bekannt: Alkohol ist ein »Gift«. Deshalb können wir Alkohol nicht direkt empfehlen. Allen, die dennoch Alkohol trinken möchten, raten wir zur Begrenzung und Vorsicht:
- Trinken Sie Alkohol nur, wenn dies ohne Gefahr für Ihre Gesundheit ist.
- Wählen Sie für Diabetiker »geeignete« alkoholische Getränke ohne hohen Kohlenhydratanteil.
- Trinken Sie Alkohol nur in kleinen Mengen, zum Beispiel täglich höchstens zwei Portionen von 40 ml Branntwein, 125 ml trockenem Wein oder Diabetiker-Wein, 100 ml Sekt für Diabetiker, 330 ml Diabetiker-Bier oder 250 ml Apfelwein.
- Trinken Sie nie Alkohol auf leeren Magen.
- Denken Sie an den Energiegehalt von Alkohol.
- Wenn Sie Alkohol trinken: nicht gleichzeitig auf kohlenhydrathaltige Nahrungsmittel verzichten.

Bewußt einkaufen

Wie gesund, abwechslungsreich, wohlschmeckend und wertvoll Ihr Essen ist, hängt auch vom bewußten Einkauf der Lebensmittel ab. Hier einige Tips, die Ihnen dabei helfen können:
- Achten Sie auf frische Produkte! Wählen Sie einheimische Obst- und Gemüsesorten und Produkte der Saison.
- Überprüfen Sie bei verpackten Lebensmitteln das aufgedruckte Mindesthaltbarkeitsdatum.
- Beachten Sie die Angaben auf dem Etikett! So können Sie Lebensmittel gezielt nach ihrem Fettgehalt oder nach der Fettzusammensetzung aussuchen.
- Kaufen Sie – wenn nötig – »kalorienarme« Produkte.
- Kaufen Sie nur ein, was Sie wirklich brauchen.
- Denken Sie beim Einkauf der Lebensmittel immer an Ihren Ernährungsplan und Ihre Ernährungsempfehlungen!

Messen und Wiegen in der Küche

In jeden Diabetikerhaushalt gehört eine Waage zum Abwiegen der festen Nahrungsmittel. Sie sollte das Gewicht auf 5 g genau angeben können. Für Flüssigkeiten verwenden Sie am besten Meßbecher mit einer Gramm- und Kubikzentimeter-Einteilung (ccm). Auch Löffel und Tassen können Sie als Maß verwenden, wenn Sie am Anfang mit der Waage genau den Inhalt feststellen. Wenn Sie unsere Rezepte nachkochen, sollten Sie stets den gleichen Löffel und die gleiche Tasse verwenden.

Wichtiges aus der Ernährungslehre

Die Erkenntnisse der Ernährungslehre sind nie ganz abgeschlossen. So haben wir den aktuellen Wissensstand zugrunde gelegt und natürlich bei den Kostplänen und Rezepten unsere langjährige Erfahrung aus der Praxis mit einfließen lassen. Zwei grundlegende Aspekte haben wir beim Zusammenstellen der Rezepte berücksichtigt:

• Die neuesten Erkenntnisse der Ernährungslehre sollen verwirklicht werden, um Ihnen eine optimale Versorgung mit allen wichtigen Nährstoffen zu bieten.

• Die speziell für Sie entwickelten Rezepte sollen leicht gelingen und Ihnen schmecken.

Wissenschaftlich gesichert ...

Nicht immer lassen sich beide Ziele vollständig erreichen, da manchmal »Widersprüche« unvermeidbar sind. So fordert die Ernährungslehre ein genaues Abmessen der Nahrungsmittelmengen und eine täglich gleichbleibende Nährstoff- und Energiezufuhr. Andererseits verführt der Wunsch nach einfachen und rasch verwendbaren Rezepten zu Großzügigkeit und vielleicht sogar zur Nachlässigkeit im Abwiegen der Lebensmittel. Wir können Ihnen aber versichern: Alle Angaben und Rezepte basieren auf dem derzeitigen Wissensstand. Wir beschreiben keine modischen Kostformen und geben keine ungewöhnlichen, sondern wissenschaftlich gesicherte Ernährungsempfehlungen. Auf Ernährungsfragen, die zur Zeit diskutiert werden, weisen wir besonders hin. Alle Entscheidungen dazu sind aus unserer Erfahrung in der Praxis entstanden.

... und praktisch durchführbar

So gelingt auch Ihnen ein guter Kompromiß zwischen Theorie und Praxis, der allen Forderungen weitgehend gerecht wird. Dies zeigt sich zum Beispiel darin, daß die Angaben zu den Lebensmittelmengen praxisgerecht »gerundet« werden. Wenn wir auch kleine Abweichungen von der wissenschaftlich exakten Berechnung in Kauf nehmen, so können wir doch eine gesunde Ernährung garantieren, die Sie ohne besonderen Aufwand einfach und rasch zusammenstellen können. Im Durchschnitt stimmt's.

Was Sie unbedingt wissen sollten

Die praktischen und wissenschaftlichen Gesichtspunkte, die wir beachtet haben, sollten Sie unbedingt wissen:

Vollwertige Ernährung: Die Kostpläne und Rezepte können an den individuellen Energiebedarf angepaßt werden. Sie bieten einen relativ hohen Kohlenhydratanteil, bevorzugt mit ballaststoffreichen Nahrungsmitteln, einen relativ geringen Eiweißanteil, wenig Fett und Cholesterin und dabei Fette mit einem hohen Anteil an einfach und mehrfach ungesättigten Fettsäuren.

Energieangebot: Wir bieten Ihnen zur individuellen Auswahl Kostpläne mit täglich 1200, 1500, 1800 oder 2200 Kalorien an.

Energiegehalt des Mittagessens: Für das Mittagessen haben wir aus praktischen Gründen durchschnittliche Energiemengen von 400 bis 600 Kalorien zugrunde gelegt. Die weniger kalorienhaltigen Rezepte der Kostpläne mit 1200 und 1500 Kalorien enthalten 3 BE an Kohlenhydraten; Sie können diese Rezepte – mit 1 BE mehr an Kartoffeln oder Reis – auch wählen, wenn Sie den Kostplan mit 1800 oder 2200 Kalorien zugrunde legen. Dagegen gelten unsere Rezeptvorschläge mit 4 BE an Kohlenhydraten wegen ihres hohen Kaloriengehaltes nur bei den Kostplänen mit 1800 und 2200 Kalorien. – Übrigens: Die Vorsuppe können Sie auch durch eine Rohkost oder einen Salat ersetzen. Und: Der manchmal etwas höhere Energiegehalt im Mittagessen wird durch einen oft niedrigeren Energiegehalt in den Rezepten für das Abendessen ausgeglichen.

Nährstoffrelationen: In den Kostplänen legen wir folgende Nährstoffrelation zugrunde: 45 bis 50% der Kalorienmenge für Kohlenhydrate (KH), 15 bis 20% für Eiweiß (E) und 30 bis 35% für Fett (F). Damit nähern wir uns dem immer wieder formulierten und nicht erreichten Ziel von 50–60% KH, 15 bis 20% E und 30% F. Die Menge der Grundnährstoffe in den einzelnen Rezepten geben wir in Gramm an.

Berechnungsdifferenzen können im Vergleich mit wissenschaftlich exakten Analysen auftreten, weil wir die praktischeren Küchenmaße verwenden.

Fettauswahl: Für die Fettzusammensetzung empfehlen wir Diätmargarine und Halbfett-Diätmargarine, sowie hochwertige Pflanzenöle.

»Cholesterinarme Rezepte«: Der Cholesterinanteil wird in Milligramm (mg) angegeben. Wenn Sie täglich nicht mehr als 300 mg Cholesterin essen wollen, können Sie mit Hilfe dieser Angabe Ihre Tagesmenge selbst berechnen.

Kohlenhydratberechnung: Die Menge der verdaulichen Kohlenhydrate wird nach der Definition der Deutschen Diabetesgesellschaft als »Kohlenhydratportion« oder »BE« berechnet: eine Kohlenhydratportion (BE) eines Nahrungsmittels entspricht 10–12 g anzurechnender verdaulicher Kohlenhydrate ohne Berücksichtigung von Ballaststoffen.

Ballaststoffreiche Rezepte enthalten 5 g Ballaststoffe pro Person oder mehr. Ballaststoffreiche Rezepte sind bei den Rezepten rot gekennzeichnet.

Wichtige Begriffe aus der Ernährungslehre

Ballaststoffe sind Nahrungsbestandteile, die zu den Kohlenhydraten gehören, im Verdauungstrakt aber nicht verwertet werden können. Bestimmte Ballaststoffe haben eine günstige Wirkung auf den Blutzuckerverlauf, andere unterstützen die Darmtätigkeit.

Berechnungseinheit oder BE ist die Menge eines Nahrungsmittels, die 10–12 g Kohlenhydrate enthält und einem Schätzwert entspricht. 10–12 g KH entsprechen einer Kohlenhydratportion.

Cholesterin ist wichtiger Bestandteil aller Zellmembranen, Grundsubstanz für die Bildung von Hormo-

nen, Gallensäuren und Vorstufen des Vitamin D. Es spielt bei der vorzeitigen Entstehung der Arteriosklerose eine wesentliche Rolle. Cholesterin wird vom Körper selbst produziert. Es kommt in vielen tierischen Lebensmitteln vor und wird mit der Nahrung aufgenommen, pro Tag sollten es nicht mehr als 300 mg Cholesterin sein.
Diät ist eine gesunde, vollwertige Ernährung, die zur erfolgreichen Behandlung des Diabetes gehört.
Eiweiß (E) ist Grundnährstoff und Grundgerüst jeder Körperzelle. Eiweißbausteine – die Aminosäuren – werden für die Neubildung körpereigener Substanzen benötigt. 1 g E enthält rund 4 Kalorien. Bei der Ernährung sollte tierisches und pflanzliches Eiweiß kombiniert werden.
Energie: »Brennstoff« im Stoffwechsel, der aus den Grundnährstoffen und aus Alkohol stammt und in Joule oder Kalorien gemessen wird.
Fett (F) ist auch ein Grundnährstoff und wichtiger Energielieferant. 1 g F enthält rund 9 Kalorien. In der täglichen Energiezufuhr sollte Fett nicht mehr als 30–35% ausmachen. Es sollte viel einfach und mehrfach ungesättigte Fettsäuren enthalten und jeweils zur Hälfte aus pflanzlichen und tierischen Produkten stammen.
Fettsäuren: Gesättigte Fettsäuren und Cholesterin sind besonders in tierischen Fetten enthalten, erhöhen bei reichlicher Zufuhr die Blutfettwerte und führen zu einem höheren Arteriosklerose-Risiko. Einfach und mehrfach ungesättigte Fettsäuren aus pflanzlichen Ölen und Fetten sowie aus Fischöl sind besonders günstige Nahrungsbestandteile.
Grundnährstoffe: Eiweiß (E), Fett (F) und Kohlenhydrate (KH) sind Bestandteile der Nahrungsmittel.
Joule: In der Praxis nicht durchgesetztes, im amtlichen Sprachverkehr vorgeschriebenes Maß für die Energie. Die genaue Bezeichnung lautet Kilojoule (kJ).
Kalorie: Seit Jahrzehnten gebräuchliches Maß für die Energie; genaue Bezeichnung Kilokalorie (kcal). Eine Kilokalorie entspricht etwa 4,2 Kilojoule.
Kohlenhydrate (KH) sind Grundnährstoffe und Energieträger. 1 g KH enthält rund 4 Kalorien. In der täglichen Kost sollten KH möglichst 50 bis 60% der Energiezufuhr ausmachen. Außer in Milch und Milchprodukten kommen Kohlenhydrate nur in pflanzlichen Lebensmitteln vor. Günstig sind vor allem komplexe (stärkehaltige) Kohlenhydrate.
Mineralstoffe und Spurenelemente sind für den Organismus und seine Funktionen wichtige Substanzen und unter anderem Bausteine für Gerüstsubstanzen und Zellstrukturen.
Salz: Der Organismus braucht pro Tag etwa 3 g Kochsalz. Der Kochsalzverbrauch in der Bundesrepublik Deutschland liegt bei 10 bis 15 g pro Tag. Sie sollten Ihre Kochsalzzufuhr geringer halten.
Stoffwechsel ist die Umwandlung (der Wechsel) von Nahrungsstoffen zu körpereigenen Substanzen und zu Energie.
Süßstoffe sind kalorienfreie Süßungsmittel wie beispielsweise Saccharin und Cyklamat, Acesulfam K und Aspertam.
Traubenzucker (Glucose) wird bei der Blutzuckerbestimmung gemessen. Er ist auch Bestandteil des Haushaltszuckers.
Vitamine sind lebenswichtige Nährstoffe. Eine abwechslungsreiche Kost garantiert eine ausreichende Versorgung.
Zucker: Haushaltszucker ist eine Kombination von Frucht- und Traubenzucker. Zucker ist bei der Behandlung von Hypoglykämien wichtig. Normalgewichtige Diabetiker mit intensivierter Insulintherapie können bis zu 30 g Zucker täglich in ballaststoffreichen Mahlzeiten essen. 12 g Zucker entsprechen 12 g Kohlenhydraten und ca. 50 Kalorien.
Zuckeraustauschstoffe sind Kohlenhydrate mit einem Energiegehalt von 2–4 Kalorien pro Gramm. Fruchtzucker, Sorbit, Isomalt und Xylose müssen wegen ihres Energie- und Kohlenhydratgehaltes bei der Ernährung berücksichtigt werden.

Sie entscheiden, was Sie brauchen

Mit der Auswahl der Rezepte sollten Sie sich immer nach Ihrem persönlichen Bedarf richten. Ihr individueller Nahrungsbedarf wird vor allem von Körpergewicht, körperlicher Belastung und Alter bestimmt. Für Ihren täglichen Energiebedarf müssen Sie Ihr Sollgewicht kennen und Ihre tägliche körperliche Belastung abschätzen. Das Sollgewicht können Sie leicht errechnen: Ihre Größe in Zentimetern minus 100 entspricht Ihrem Sollgewicht in Kilogramm. Auch Ihre körperliche Belastung ist für den Energiebedarf wichtig. Die meisten Menschen leisten heute nur leichte körperliche Arbeit, zum Beispiel als Sekretärin, Lehrerin, Hausfrau (zum Teil auch mittelschwere Arbeit), Beamter, Arzt, Vertreter. Mittelschwere körperliche Arbeit verrichten zum Beispiel Hausfrauen (zum Teil auch leichte Arbeit), Raumpflegerinnen, Verkäuferinnen, Krankenschwestern, Fabrikarbeiterinnen, Schreiner. Schwere körperliche Arbeit leisten zum Beispiel Fabrikpackerinnen, Maurer, Bauzimmerer, Holzfäller, Bergleute. Für unterschiedlich schwere körperliche Arbeit werden unterschiedliche Energiemengen pro Kilogramm des Sollgewichts benötigt.

Bei leichter körperlicher Arbeit:
30–32 Kalorien pro Kilogramm Sollgewicht (oder 126–134 Joule pro Kilogramm Sollgewicht).

Bei mittelschwerer körperlicher Arbeit:
37 Kalorien pro Kilogramm Sollgewicht (oder 155 Joule pro Kilogramm Sollgewicht).

Bei schwerer und schwerster körperlicher Arbeit: 45–55 Kalorien pro Kilogramm Sollgewicht (oder 189–231 Joule pro Kilogramm Sollgewicht).

An vier Beispielen zeigen wir Ihnen, wie Sie Ihren Kalorienbedarf errechnen und wie Sie mit den Rezepten einen individuellen Kostplan erstellen.

Der Kostplan für 1200 Kalorien

Zum Abnehmen besonders geeignet

Das Beispiel
Frau A. ist eine übergewichtige Verkäuferin
35 Jahre alt, 160 cm groß, wiegt 70 kg.
Sie hat einen Typ I-Diabetes mit täglich 2 Insulininjektionen.

Ziele und Wünsche
Frau A. leistet mittelschwere körperliche Arbeit. Der Arzt hat ihr dringend geraten, abzunehmen; sie wünscht sich ihr Sollgewicht.

Der Ernährungsbedarf
Das Sollgewicht für Frau A. ist:
(Größe in cm –100:) 160–100 = 60 kg
Der tägliche Energiebedarf für dies Gewicht beträgt bei mittelschwerer Arbeit
(Sollgewicht:) 60×37 = 2220 Kalorien
Um gut abnehmen zu können, verzichtet Frau A. täglich auf rund 1000 Kalorien. Sie möchte zwar gelegentlich etwas »Süßes« essen, wählt aber den Kostplan für 1200 kcal (≈ 5040 kJ).

Der Kostplan für 1200 Kalorien
enthält etwa 55 g E, 45 g F, 140 g KH (≈ 11 BE), 34 g Ballaststoffe, 135 mg Cholesterin. Beim Austausch kohlenhydrathaltiger Nahrungsmittel sollten Sie die Austauschtabelle benutzen (Seite 112).

Zum Frühstück:
Weißbrot/Pumpernickel
Halbfettmargarine
Camembert, Tomate
Kaffee oder Tee

2 BE/etwa 250 kcal

Am Vormittag:
Joghurt mit Früchten und Cornflakes

2 BE/etwa 150 kcal

Mittagessen:
Salatplatte
Kümmelkartoffeln
Vanilledessert mit Schokoladensauce

3 BE/etwa 400 kcal

Am Nachmittag:
Diabetikerkekse

1 BE/etwa 50 kcal

Am Abend:
Melone mit Schinken
Roggentoast
Tee

2 BE/etwa 300 kcal

Vor dem Schlafengehen:
1 Glas Tomatensaft und Knäckebrot oder Vollkornzwieback

1 BE/etwa 50 kcal

Der Kostplan für 1500 Kalorien

Damit bleiben viele schlank

Das Beispiel
Frau B. ist eine Hausfrau mit Sollgewicht, 70 Jahre alt, 153 cm groß, wiegt 50 kg.
Sie hat einen Typ II-Diabetes und wurde bisher mit Diät und Tabletten behandelt.

Ziele und Wünsche
Frau B. leistet leichte körperliche Arbeit. Sie muß vielleicht auf Insulin umgestellt werden und möchte auch weiter ihr Sollgewicht beibehalten.

Der Energiebedarf
Frau B. hat Sollgewicht:
(Größe in cm –100:) 153–100 = 53 kg
Der tägliche Energiebedarf für dies Gewicht beträgt für Frau B.
(Sollgewicht:) 53×30 = 1590 Kalorien
Um ihr Sollgewicht zu erhalten, wählt Frau B. ihre Rezepte nach dem Kostplan für 1500 kcal (≈ 6300 kJ).

Der Kostplan für 1500 Kalorien
enthält etwa 65 g E, 50 g F, 180 g KH (≈ 14 BE), 37 g Ballaststoffe, 175 mg Cholesterin. Beim Austausch kohlenhydrathaltiger Nahrungsmittel sollten Sie die Kohlenhydrat-Austauschtabelle benutzen (Seite 112).

Zum Frühstück:
Porridge und
1 Glas Tomatensaft

2 BE/etwa 250 kcal

Am Vormittag:
Brot mit Möhrenquark

2 BE/etwa 200 kcal

Mittagessen:
Hühnerragout mit Paprika und Schinken
Kopfsalat mit pikanter Joghurtsauce
Salzkartoffeln
Orangencreme

3 BE/etwa 400 kcal

Am Nachmittag:
2 Stücke Apfelblechkuchen
oder
1 Stück Apfelblechkuchen und
1 Stück Rhabarbertorte mit Schneehaube

2 BE/etwa 150 kcal

Am Abend:
Gemüseplatte
Brot, Halbfettmargarine, Edamerkäse
Tee

3 BE/etwa 400 kcal

Vor dem Schlafengehen:
frische Ananas und Diabetikerkekse

2 BE/etwa 100 kcal

Der Kostplan für 1800 Kalorien

Abnehmen bei körperlicher Arbeit

Das Beispiel
Herr C. ist Schreiner mit starkem Übergewicht, 47 Jahre alt, 175 cm groß, wiegt 92 kg. Er hat einen Typ II-Diabetes, Bluthochdruck, erhöhte Blutfette. Bisher hat er sich nicht richtig ernährt.

Ziele und Wünsche
Der Arzt hat Herrn C. dringend empfohlen: Abnehmen, Blutdruck und Blutfette normalisieren! Herr C. leistet mittelschwere körperliche Arbeit, die er fortsetzen will. Er möchte dem ärztlichen Rat folgen und zugleich gern »satt werden«.

Der Ernährungsbedarf
Das Sollgewicht für Herrn C. ist
(Größe in cm −100:) 175−100 = 75 kg
Der tägliche Energiebedarf für dies Gewicht beträgt bei mittelschwerer Arbeit
(Sollgewicht:) 75×37 = 2775 Kalorien
Zum Abnehmen verzichtet Herr C. täglich auf rund 1000 Kalorien. Er wählt cholesterinarme und salzreduzierte Gerichte mit hohem Ballaststoffgehalt nach dem Kostplan für 1800 kcal (≈ 7560 kJ).

Der Kostplan für 1800 kcal
enthält etwa 75 g E, 65 g F, 215 g KH (≈ 17 BE), 43 g Ballaststoffe, 177 mg Cholesterin. Beim Austausch kohlenhydrathaltiger Nahrungsmittel sollten Sie die Austauschtabelle benutzen (Seite 112).

Zum Frühstück:
Weizenschrotbrötchen mit Diätmargarine und Diabetikermarmelade, Knäckebrot mit Kochkäse
Kaffee oder Tee

3 BE/etwa 300 kcal

Am Vormittag:
Vierkornbrot mit Halbfettmargarine, Geflügelmortadella
Tomaten, frisches Obst

3 BE/etwa 250 kcal

Mittagessen:
Gemüse-Weizen-Gericht
Kompott oder frisches Obst der Saison

4 BE/etwa 500 kcal

Am Nachmittag:
1 Roggenbrötchen mit Diätmargarine und Schmelzkäse

2 BE/etwa 200 kcal

Am Abend:
Gratinierter Lauch mit Stangenweißbrot oder Vollkornbrötchen
frisches Obst

3 BE/etwa 400 kcal

Vor dem Schlafengehen:
Grapefruit
Vierkornbrot mit Frischkäse

2 BE/etwa 150 kcal

Der Kostplan für 2200 Kalorien

Aktiv und schlank sein und bleiben:

Das Beispiel
Herr D. ist ein schlanker Architekt
61 Jahre alt, 172 cm groß, wiegt 71 kg.
Er hat seit 24 Jahren einen Typ I-Diabetes, benötigt täglich vier Insulininjektionen mit angepaßter Insulinmenge.

Ziele und Wünsche
Herr D. hat seinen Diabetes mit Blutzuckerselbstkontrollen und stets angepaßter Insulinmenge gut »im Griff«. Er muß und kann die Essenszeiten verschieben und möchte gelegentlich auch einmal »etwas Besonderes« essen.

Der Ernährungsbedarf
Herr D. hat Sollgewicht:
(Größe in cm −100:) 172−100 = 72 kg
Der tägliche Energiebedarf für dieses Gewicht beträgt bei leichter körperlicher Arbeit
(Sollgewicht:) 72×30 = 2160 Kalorien
Herr D. richtet sich nach diesem Energiebedarf und wählt – auch beim Restaurantbesuch – seine Rezepte nach dem Kostplan für 2200 kcal (≈ 9240 kJ).

Der Kostplan für 2200 Kalorien
enthält etwa 90 g E, 80 g F, 260 g KH (≈ 21 BE), 54 g Ballaststoffe, 200 mg Cholesterin. Beim Austausch kohlenhydrathaltiger Nahrungsmittel sollten Sie die Austauschtabelle benutzen (Seite 112).

Zum Frühstück:
Rührei mit Champignons
Brot, Diätmargarine
Diabetikermarmelade
Kaffee oder Tee

3 BE/etwa 300 kcal

Am Vormittag:
Vollkornbrot mit Diätmargarine und gekochtem Schinken, 1 Möhre
Joghurt, Apfel

4 BE/etwa 350 kcal

Mittagessen:
Gefüllte Rinderroulade
Chinakohlgemüse mit Möhren oder Broccoli mit Pinienkernen
Kartoffelpüree
Vanillecreme oder frisches Obst

4 BE/etwa 500 kcal

Am Nachmittag:
2 Stücke Himbeertorte
1 gefüllter Windbeutel
Kaffee oder Tee

3 BE/etwa 250 kcal

Am Abend:
Heringstopf mit Pellkartoffeln
frisches Obst oder
1 Dessert nach Wunsch

4 BE/etwa 550 kcal

Vor dem Schlafengehen:
Mischbrot, Salzstangen, Kräcker und Käsewürfel, eventuell 1 Schoppen trockenen Wein

3 BE/etwa 250 kcal

Zum Frühstück

Bei Kostplan mit 1200 Kalorien (Vorschläge und Rezepte)

2 BE/etwa 250 kcal

40 g Knäckebrot (2 BE),
10 g Diätmargarine oder
20 g Halbfettmargarine,
50 g Magerquark mit Mineralwasser verrühren, mit Salz und gehacktem Dill würzen,
100 g Salatgurke,
Kaffee oder Tee

2 BE/etwa 250 kcal

25 g Weißbrot (1 BE),
30 g Pumpernickel (1 BE),
15 g Halbfettmargarine,
30 g Camembert (30% Fett i. Tr.),
50 g Tomate (1 kleine) in Scheiben,
Kaffee oder Tee

2 BE/etwa 250 kcal

60 g Vollkornbrötchen (2 BE)
10 g Diätmargarine oder
20 g Halbfettmargarine,
50 g körniger Frischkäse (20% Fett i. Tr.) mit Schnittlauchröllchen,
100 g Radieschen,
Kaffee oder Tee

2 BE/etwa 250 kcal

30 g Vollkornbrot (1 BE),
25 g Roggenmischbrot (1 BE),
15 g Halbfettmargarine,
30 g Nußschinken,
½ grüne und gelbe Paprikaschote in Streifen geschnitten,
Kaffee oder Tee

Bei Kostplan mit 1500 Kalorien (Vorschläge und Rezepte)

2 BE/etwa 250 kcal

25 g Roggentoast (1 BE),
5 g Diätmargarine,
20 g Diabetikermarmelade, ½ BE (kalorienarm)
10 g Knäckebrot (½ BE),
30 g Schmelzkäse (30% Fett i. Tr.) mit Kümmel bestreut
Kaffee oder Tee

2 BE/etwa 250 kcal
Porridge

30 g grobe Haferflocken (1½ BE) in Wasser kochen,
⅛ l Milch, ½ BE (1,5% Fett) dazugeben und mit Salz würzen,
150 g Tomatensaft

2 BE/etwa 250 kcal
Früchtedickmilch mit Weizenschrotbrot

30 g Weizenschrotbrot (1 BE),
125 g Dickmilch, ½ BE (1,5% Fett),
85 g Brombeeren (½ BE) und 85 g Himbeeren (½ BE) verrühren, mit Süßstoff abschmecken.
10 g grob gehackte Walnüsse darüber streuen

2 BE/etwa 250 kcal

25 g Roggenmischbrot (1 BE),
15 g Halbfettmargarine,
40 g Geflügelbierschinken,
10 g Vollkornzwieback (½ BE),
50 g Apfel in Scheiben (½ BE),
Kaffee oder Tee

Zum Frühstück

Kostplan mit 1800 Kalorien (Vorschläge und Rezepte)

3 BE/etwa 300 kcal

1 Weizenschrotbrötchen, 2 BE (60 g), 10 g Diätmargarine oder 20 g Halbfettmargarine, 20 g Diabetikermarmelade, ½ BE (kalorienarm), 10 g Knäckebrot (½ BE), 40 g Kochkäse (20% Fett i. Tr.)
Kaffee oder Tee

3 BE/etwa 300 kcal
Müsli

40 g grobe Haferflocken (2 BE), 50 g Apfel mit Schale (½ BE), 125 g Joghurt, ½ BE (1,5% Fett), 10 g gehackte Haselnüsse, 1 Teel. Weizenkleie, flüssiger Süßstoff, Zitronensaft; alles vermischen.

3 BE/etwa 300 kcal
Überbackener Toast

50 g Roggentoast (2 BE), 5 g Diätmargarine oder 10 g Halbfettmargarine, 50 g Tomatenscheiben, 50 g grüne Paprikastreifen, Salz, Pfeffer, Paprikapulver, 1 Teelöffel Kräuter, 30 g Schnittkäse (30% Fett i. Tr.), 120 ccm Orangensaft (1 BE)

3 BE/etwa 300 kcal

30 g Vollkornbrot (1 BE), 45 g Vierkornbrot (1½ BE), 20 g Halbfettmargarine, 50 g körniger Frischkäse (20% Fett i. Tr.), Salz, Pfeffer, 50 g Gurkenscheiben, 55 g Apfelscheiben mit Schale (½ BE)
Kaffee oder Tee

Kostplan mit 2200 Kalorien (Vorschläge und Rezepte)

3 BE/etwa 300 kcal
Champignonrührei

5 g Diätmargarine, 50 g Champignonscheiben (Dose), 1 Ei, 1 Eßlöffel Mineralwasser, Salz, Pfeffer, 25 g Mischbrot (1 BE), getoastet, 45 g Leinsamenbrot (1½ BE), 10 g Halbfettmargarine, 20 g Diabetikermarmelade, ½ BE (kalorienarm)

3 BE/etwa 300 kcal
Kakao

¼ l Milch, 1 BE (1,5% Fett), 1 Teelöffel entöltes Kakaopulver, flüssiger Süßstoff; alles aufkochen. 60 g Weizenschrotbrot (2 BE), 5 g Diätmargarine oder 10 g Halbfettmargarine, 20 g Schmelzkäse (30% Fett i. Tr.), 100 g Radieschen

3 BE/etwa 300 kcal

1 Vollkornbrötchen, 2 BE (60 g), 10 g Halbfettmargarine, 30 g Geflügelleberwurst, 50 g Gewürzgurken, 25 g Mischbrot (1 BE), 20 g Frischkäse (20% Fett i. Tr.)
Kaffee oder Tee

3 BE/etwa 300 kcal

40 g geschrotete Körner, 2 BE (Weizen, Buchweizen, Hafer), über Nacht (im Kühlschrank!) einweichen. 65 g Orange (½ BE), 25 g Apfel mit Schale (¼ BE), ⅛ l Milch, ¼ BE (1,5% Fett), 1 Teelöffel Leinsamen, 1 Teelöffel Weizenkeime, Süßstoff, Zitronensaft; alles vermischen.

Am Vormittag

Bei Kostplan mit 1200 Kalorien (Vorschläge und Rezepte)

Bei Kostplan mit 1500 Kalorien (Vorschläge und Rezepte)

2 BE/etwa 150 kcal
Grapefruitsaft und Knäckebrot

130 g Grapefruitsaft (1 BE) oder 200 g Grapefruit oder 1 BE anderes Obst,
20 g Knäckebrot (1 BE),
40 g Frischkäse (20% Fett i. Tr.)

2 BE/etwa 200 kcal
Brot mit Möhrenquark

50 g Roggenbrot (2 BE)
5 g Diätmargarine oder 10 g Halbfettmargarine,
1 Blatt Kopfsalat,
50 g Magerquark,
Mineralwasser zum Glattrühren, Kräutersalz, Senf, 1 Spritzer flüssiger Süßstoff, 50 g Möhren, geraspelt

2 BE/etwa 150 kcal
Joghurt mit Früchten

125 g Joghurt, ½ BE (1,5% Fett),
flüssiger Süßstoff,
130 g frische Pfirsiche, in Scheiben geschnitten (1 BE) oder 1 BE anderes frisches Obst,
8 g Cornflakes (½ BE)

2 BE/etwa 200 kcal
Belegtes Brot und frisches Obst

30 g Vollkornbrot (1 BE),
5 g Halbfettmargarine,
30 g Corned beef,
50 g Rettichscheiben,
100 g Apfel (1 BE) oder 1 BE anderes frisches Obst

2 BE/etwa 150 kcal
Obstsalat und Vollkornzwieback

50 g Apfel mit Schale (½ BE), 65 g Orange (½ BE), 55 g Kiwi (½ BE) (das Obst können Sie austauschen),
flüssiger Süßstoff,
Zitronensaft,
10 g Vollkornzwieback (½ BE)

2 BE/etwa 200 kcal
Tomaten-Ei-Brot

60 g Vierkornbrot (2 BE),
5 g Halbfettmargarine,
1 Blatt Kopfsalat,
1 Ei, hart gekocht,
50 g Tomate, in Scheiben geschnitten,
Schnittlauchröllchen

2 BE/etwa 150 kcal
Vollkornbrot mit Kräuterquark

60 g Vollkornbrot (2 BE),
50 g Magerquark,
Mineralwasser zum Glattrühren,
Salz, Pfeffer,
1 Teelöffel frische Kräuter (Petersilie, Dill, Schnittlauch)

2 BE/etwa 200 kcal
Erdbeermilch mit Knäckebrot

250 ccm Milch, 1BE (1,5% Fett);
100 g Erdbeeren (½ BE) pürieren,
flüssiger Süßstoff,
10 g Knäckebrot (½ BE),
5 g Halbfettmargarine

Am Vormittag

Bei Kostplan mit 1800 Kalorien (Vorschäge und Rezepte)

Bei Kostplan mit 2200 Kalorien (Vorschäge und Rezepte)

3 BE/etwa 250 kcal
Grapefruit, buntes Käsebrot

200 g Grapefruit (1 BE), 50 g Roggenmischbrot (2 BE), 5 g Diätmargarine oder 10 g Halbfettmargarine, 30 g Tilsiter Käse (30% Fett i. Tr.), 50 g Radieschenscheiben, 50 g Gurkenscheiben

4 BE/etwa 350 kcal
Frühstück zum Mitnehmen

60 g Vollkornbrot (2 BE), 5 g Diätmargarine oder 10 g Halbfettmargarine, 30 g gekochter Schinken, 1 Becher Joghurt, ½ BE (1,5% Fett), 150 g Apfel (1½ BE), 1–2 Möhren, etwa 100 g

3 BE/etwa 250 kcal
Vollkornbrot mit Paprikaquark

60 g Vollkornbrot (2 BE), 10 g Halbfettmargarine, 1 Teelöffel Schnittlauchröllchen, 60 g Magerquark, Salz, Pfeffer, Paprikapulver, Mineralwasser zum Glattrühren, 50 g rote Paprikawürfel, 180 g Mandarinen mit Schale (1 BE)

4 BE/etwa 350 kcal
Beeren mit Corn-flakes

60 g Himbeeren, 60 g Brombeeren, 50 g rote Johannisbeeren (1 BE), flüssiger Süßstoff, 15 g Corn-flakes (1 BE), 50 g Roggenmischbrot (2 BE), 10 g Halbfettmargarine, 30 g Putensalami, 100 g grüne Gurkenscheiben

3 BE/etwa 250 kcal
Frühstück zum Mitnehmen oder für unterwegs

60 g Vierkornbrot (2 BE), 5 g Halbfettmargarine, 30 g Geflügelmortadella, 2 kleine Tomaten, 100 g Birne (1 BE) oder 1 BE anderes frisches Obst

4 BE/etwa 350 kcal
Laugenbrezel, Käse und Radieschen

1 Laugenbrezel, 2 BE (etwa 50 g), ¼ l Milch, 1 BE (1,5% Fett), 30 g Vollkornbrot (1 BE), 5 g Halbfettmargarine, 30 g Kräuterfrischkäse (20% Fett i. Tr.), 50 g Radieschen

3 BE/etwa 250 kcal
Dickmilch mit Früchten

250 g Dickmilch, 1 BE (1,5% Fett), 120 g Aprikosen (1 BE) oder 1 BE anderes frisches Obst, flüssiger Süßstoff, 20 g Knäckebrot (1 BE), 10 g Halbfettmargarine oder 5 g Diätmargarine

4 BE/etwa 350 kcal
Belegte Brote

30 g Pumpernickel (1 BE), 20 g Frischkäse (20% Fett i. Tr.), 60 g Leinsamenbrot (2 BE), 10 g Halbfettmargarine, 30 g Geflügeljagdwurst, 1 Tomate (50 g), 1 Stück Paprika (50 g), 180 g Orange (1 BE)

Menüpläne

Mittagessen bei 1200 Kalorien (alle Mittagessen für 1200 Kalorien und 1500 Kalorien [3 BE/etwa 400 kcal] können ausgetauscht werden)

3 BE/etwa 400 kcal

Rinderbrühe mit Ei (Seite 34)
oder Spargelcremesuppe (Seite 36)
Ochsenbrust mit Bouillonkartoffeln, 2 BE (Seite 52)
Schwarzwälder Kirschbecher, 1 BE (Seite 92)

3 BE/etwa 400 kcal

Gemüsetopf mit Hühnerbrust (Seite 38) und Nudeln oder Reis (3 BE)
oder Kartoffelsuppe, 3 BE (Seite 37)
Rharbarbercreme (Seite 95)

3 BE/etwa 400 kcal

Schellfischfilet mit Tomaten und Zucchini (Seite 60)
Gemischter Salat mit Joghurtsauce (Seite 69)
Petersilienkartoffeln (2 BE)
Buttermilchgelee mit Kirschen, 1 BE (Seite 94)

3 BE/etwa 400 kcal

Salatplatte: je ½ Rezept Waldorfsalat (Seite 76)
Eissalat mit Paprika und Mais (Seite 76)
Möhrenrohkost (Seite 72)
Kümmelkartoffeln vom Blech, 2 BE (Seite 79)
Vanillecreme (Seite 93) mit Schokoladensauce, 1 BE (Seite 88; Variante)

3 BE/etwa 400 kcal

Broccoli mit Pinienkernen (Seite 81) oder Kabeljaufilet mit Spinat (Seite 64)
Herzoginkartoffeln, 2 BE (Seite 79)
Kompott der Saison (1 BE)

3 BE/etwa 400 kcal

Herzhafte Gemüsesuppe (Seite 35)
Huhn Marengo (Seite 58) oder Hühnerpfanne mit Champignons und Bleichsellerie (Seite 56)
Naturreis (2 BE)
Birne Helene, 1 BE (Seite 91)

3 BE/etwa 400 kcal

Rindergulasch im Tontopf (Seite 49)
Salzkartoffeln (2 BE)
Eissalat mit Kräutermarinade (Seite 69)
Apfelkompott mit Zimtcreme, 1 BE (Seite 93)

3 BE/etwa 400 kcal

Blumenkohlsuppe (Seite 34)
Vollkornspaghetti mit Tomaten und Basilikum, 2 BE (Seite 80)
Kopfsalat mit Joghurtsauce süß-sauer (Seite 69)
Aprikosen-Ananas-Dessert, 1 BE (Seite 91)

Menüpläne

Mittagessen bei 1500 Kalorien (alle Mittagessen für 1200 Kalorien und 1500 Kalorien [3 BE/etwa 400 kcal] können ausgetauscht werden)

3 BE/etwa 400 kcal

Buttermilchkaltschale, ½ BE (Seite 43)
Rindergulasch im Tontopf (Seite 49)
Möhrenrohkost (Seite 72)
Salzkartoffeln (2½ BE)

3 BE/etwa 400 kcal

Zürcher Geschnetzeltes (Seite 48)
Eissalat mit Sprossen (Seite 75)
Teigwaren (2 BE)
Pfirsich Melba, 1 BE (Seite 94)

3 BE/etwa 400 kcal

Forelle blau (Seite 61)
Blattspinat (Seite 81)
Salzkartoffeln (1½ BE)
Obstsalat (1½ BE)

3 BE/etwa 400 kcal

Pichelsteiner Eintopf, (Seite 37) mit Kartoffeln (2 BE)
oder Irish Stew, 2 BE (Seite 38)
Apfelkompott mit Zimtcreme, 1 BE (Seite 93)

3 BE/etwa 400 kcal

Zucchiniauflauf (Seite 40) und Reis (2 BE)
Geleespeise mit Kirschen, 1 BE (Seite 95)

3 BE/etwa 400 kcal

Fleischbrühe mit Spargel und Erbsen, ¼ BE (Seite 34)
Vollkornnudelauflauf, 2 BE (Seite 41)
Endiviensalat mit Kräutermarinade (Seite 69)
Buttermilchgelee mit Kirschen, 1 BE (Seite 94)

3 BE/etwa 400 kcal

Hühnerragout mit Paprika und Schinken (Seite 57) oder Seelachsfilet mit Erbsen und Möhren
Kopfsalat mit Joghurtsauce süß-sauer (Seite 69)
Salzkartoffeln (2 BE)
Orangencreme, 1 BE (Seite 90)

3 BE/etwa 400 kcal

Hähnchenkeule mit indischer Sauce, ¾ BE (Seite 58)
Naturreis (2¼ BE)
Blattsalat mit Dickmilchsauce (Seite 69)

Menüpläne

Mittagessen bei 1800 Kalorien (alle Mittagessen für 1800 Kalorien und 2200 Kalorien [4 BE/etwa 500 kcal] können ausgetauscht werden)

4 BE/etwa 500 kcal

Weizen mit Auberginen und Tomaten, 3 BE (Seite 39)
Kompott der Saison (1 BE)

4 BE/etwa 500 kcal

Tomatensuppe mit Kräutern (Seite 35) oder Gurkencremesuppe (Seite 36)
Rehragout mit Champignons (Seite 55)
Blattsalat mit Kräutermarinade (Seite 69)
Teigwaren (3 BE)
Weißweincreme, 1 BE (Seite 89)

4 BE/etwa 500 kcal

Lammbraten (Seite 53)
Ratatouille (Seite 85) oder grüne Bohnen (Seite 83) oder Seezungenröllchen in Kräutersauce (Seite 65)
Petersilienkartoffeln (3 BE) und grüner Salat
Kompott der Saison (1 BE)

4 BE/etwa 500 kcal

Hähnchenbrustfilet mit Thymian und Apfel, ½ BE (Seite 59)
Stangenweißbrot (3½ BE)
Kopfsalat mit Dickmilchsauce (Seite 69)

4 BE/etwa 500 kcal

Zwei halbe gekochte Eier und Kartoffelsalat mit Gurke und Tomate, 3 BE (Seite 78)
Friséesalat mit Cocktaildressing (Seite 70)
Schokoladendessert mit Vanillesauce, 1 BE (Seite 88)

4 BE/etwa 500 kcal

Kasseler mit Weinkraut (Seite 51)
Kümmelkartoffeln vom Blech, 3 BE (Seite 79)
Orangenspalten mit Vanillesauce, 1 BE (Seite 94)

4 BE/etwa 500 kcal

Wirsingrouladen mit Hackfleischfüllung (Seite 50) und Kartoffelpürree (3 BE) oder Moussaka, 3 BE (Seite 40)
Pfirsich Melba, 1 BE (Seite 94)

4 BE/etwa 500 kcal

Kabeljaufilet auf Gemüse (Seite 60)
Gemischter Salat mit Sesam (Seite 72)
Vollkornreis (3 BE)
Himbeercreme, 1 BE (Seite 90)

Menüpläne

Mittagessen bei 2200 Kalorien (alle Mittagessen für 1800 Kalorien und 2200 Kalorien [4 BE/etwa 500 kcal] können ausgetauscht werden)

4 BE/etwa 500 kcal

Rinderroulade mit Speck und Gurke gefüllt (Seite 47)
Broccoli mit Pinienkernen (Seite 81) oder Chinakohlgemüse mit Möhren (Seite 84)
Kartoffelpüree, 3 BE (Seite 79)
Vanillecreme, 1 BE (Seite 93)

4 BE/etwa 500 kcal

Rinderhacksteak (Seite 51)
Lecso (Seite 85) oder Wirsinggemüse (Seite 83)
Salzkartoffeln (3 BE)
Kompott der Saison (1 BE)

4 BE/etwa 500 kcal

Grünkohlauflauf mit Hirse, 3 BE (Seite 39)
Obst oder Kompott der Saison (1 BE)

4 BE/etwa 500 kcal

Beerenkaltschale, ½ BE (Seite 43)
Gebratenes Rotbarschfilet mit Remoulade (Seite 62)
Tomatensalat mit Sauce Vinaigrette (Seite 69)
Petersilienkartoffeln (3½ BE)

4 BE/etwa 500 kcal

Hasenpfeffer, ½ BE (Seite 54)
Gedünsteter Rosenkohl (Seite 84) oder Apfelrotkohl, ½ BE (Seite 82)
Petersilienkartoffeln (2½ BE), Preiselbeerkompott (½ BE).
Wenn Rosenkohl als Beilage gewählt wird, kann 1 BE Preiselbeerkompott gegessen werden.

4 BE/etwa 500 kcal

Lammgulasch mit Tomaten und Reis, 3 BE (Seite 53)
Grüner Salat und Joghurtsauce mit Kräutern (Seite 69)
Geleespeise mit Kirschen, 1 BE (Seite 95)

4 BE/etwa 500 kcal

Chop Suey (Seite 49) oder Überbackenes Putenschnitzel (Seite 56)
Feldsalat mit Kräutermarinade (Seite 69)
Vollkornreis (4 BE)

4 BE/etwa 500 kcal

Sauerbraten nach Hausfrauenart (Seite 46) oder Heilbutt in Weinsud (Seite 65)
Gemischter Blattsalat mit Dickmilchsauce (Seite 69)
Kartoffeln (3 BE)
Frisches Apfelmus (1 BE)

Am Nachmittag

Bei Kostplan mit 1200 Kalorien (Vorschläge und Rezepte)

1 BE/etwa 50 kcal
Beerenkaltschale

Beerenkaltschale ½ BE (Seite 43),
10 g Vollkornzwieback (½ BE)

1 BE/etwa 50 kcal
Rhabarberkompott

150 g Rhabarberkompott (Seite 95; Variante),
etwas Wasser, eventuell flüssiger Süßstoff, 20 g Knäckebrot, 1 BE

1 BE/etwa 50 kcal
Diabetikergebäck

Diabetikerkekse (1 BE).
Wichtig: Die Angaben auf der Packung beachten.
Kaffee oder Tee

1 BE/etwa 50 kcal

Geleespeise mit Kirschen, 1 BE (Seite 95)

Bei Kostplan mit 1500 Kalorien (Vorschläge und Rezepte)

2 BE/etwa 150 kcal
Weizenvollkornbrot mit Marmelade

45 g Weizenvollkornbrot (1½ BE),
10 g Halbfettmargarine,
20 g Diabetikermarmelade, ½ BE (kalorienarm)
Kaffee oder Tee

2 BE/etwa 150 kcal

1 Tortelett, 1 BE (Seite 96) mit 30 g Kiwi, 30 g Pfirsich (½ BE) belegen,
Tortenguß
Diabetikerkekse (½ BE).
Wichtig: Angaben auf der Packung beachten.
Kaffee oder Tee

2 BE/etwa 150 kcal
Knäckebrot mit frischem Obst

20 g Knäckebrot (1 BE),
10 g Halbfettmargarine,
170 g Johannisbeeren oder 1 BE anderes Obst

2 BE/etwa 150 kcal

1 Stück Apfelkuchen vom Blech, 1 BE (Seite 99),
1 Stück Rhabarbertorte mit Schneehaube, 1 BE (Seite 98), oder statt 1 BE Kuchen Diabetikergebäck (1 BE).
Wichtig: Angaben auf der Packung beachten.
Kaffee oder Tee

Am Nachmittag

Bei Kostplan mit 1800 Kalorien (Vorschläge und Rezepte)

2 BE/etwa 200 kcal

1 Roggenbrötchen,
2 BE (50 g),
5 g Diätmargarine oder
10 g Halbfettmargarine,
30 g Schmelzkäse (30% Fett i. Tr.) eventuell mit Kümmel bestreuen
Kaffee oder Tee

2 BE/etwa 200 kcal

1 Stück Nußkuchen,
1 BE (Seite 102),
1 Stück Apfelstrudel,
1 BE (Seite 101) oder
1 Stück Blätterteiggebäck (Seite 103),
1 BE Diabetikergebäck.
Wichtig: Angaben auf der Packung beachten.
Kaffee oder Tee

2 BE/etwa 200 kcal

1 Karlsbader Hörnchen
(2 BE, ohne Streichfett!)
Kaffee oder Tee
(Wenn Sie auswärts Kaffee trinken, und es gibt keinen Diabetikerkuchen mit Deklaration)

2 BE/etwa 200 kcal

Waffeln, 1 BE (Seite 96), mit heißen Kirschen:
Dafür 100 g Sauerkirschen (1 BE), etwas Wasser, flüssigen Süßstoff, 1 Teelöffel Kirschwasser, ¼ Meßbecher Johannisbrotkernmehl aufkochen;
Kaffee oder Tee

Bei Kostplan mit 2200 Kalorien (Vorschläge und Rezepte)

3 BE/etwa 250 kcal

2 Stück Biskuitrolle mit Erdbeersahne, 2 BE (Seite 97),
1 Stück Zimt-Apfel-Kuchen, 1 BE (Seite 102)
oder
2 Stück Kirschkuchen
(2 BE; Seite 103),
1 Stück Biskuitrolle
(1 BE),
Kaffee oder Tee

3 BE/etwa 250 kcal

1 Mohnbrötchen, 2 BE (50 g), 10 g Halbfettmargarine, 125 g Joghurt, ½ BE (1,5% Fett), 55 g Kiwi (½ BE), flüssigem Süßstoff verrühren;
oder 1 Diät-Fruchtjoghurt (1 BE).
Die Angaben auf dem Becher beachten.
Kaffee oder Tee

3 BE/etwa 250 kcal

2 Stück Himbeertorte,
2 BE (Seite 98) oder
1 gefüllter Windbeutel,
1 BE (Seite 100),
Kaffee oder Tee

3 BE/etwa 250 kcal
Käsebrot mit frischem Obst

60 g Leinsamenbrot
(2 BE), 10 g Halbfettmargarine, 30 g Schnittkäse (30% Fett i. Tr.),
140 g Pfirsiche (1 BE)
oder 1 BE anderes frisches Obst,
Kaffee oder Tee

Am Abend

Bei Kostplan mit 1200 Kalorien (Vorschläge und Rezepte)

2 BE/etwa 300 kcal
Melone mit Schinken

150 g Wassermelone ohne Schale (1 BE), oder 100 g Honigmelone ohne Schale
40 g Nußschinken,
25 g Roggentoast (1 BE),
5 g Diätmargarine,
Tee

2 BE/etwa 300 kcal

Fischsülze mit Remoulade, ¼ BE (Seite 63, 70)
45 g Roggenmischbrot (1¾ BE),
10 g Halbfettmargarine oder 5 g Diätmargarine,
Tee

2 BE/etwa 300 kcal

Geflügelsalat, mit Spargel oder Krabbensalat, ½ BE (Seite 77),
25 g Mischbrot (1 BE),
bei Krabbensalat
15 g Mischbrot (½ BE) toasten,
5 g Diätmargarine,
30 g Vollkornbrot (1 BE),
5 g Diätmargarine,
50 g Radieschenscheiben, Tee

2 BE/etwa 300 kcal
Spiegelei auf Tomatentoast

60 g Vollkornbrot (2 BE),
1 Blatt Kopfsalat,
2 kleine Tomaten,
5 g Diätmargarine, 1 Ei,
Salz, Pfeffer, 80 g Feldsalat, 1 Teelöffel Zwiebelwürfel, Weinessig, Salz, Pfeffer,
1 Teelöffel Walnuß- oder Olivenöl, Tee

Bei Kostplan mit 1500 Kalorien (Vorschläge und Rezepte)

3 BE/etwa 400 kcal
Gemüseplatte

200 g Gemüse, 50 g Magerquark, 1 Eßlöffel saure Sahne (10% Fett), Salz, Pfeffer, Senf, Paprikapulver verrühren.
2 Teelöffel Kräuter,
20 g Knäckebrot (1 BE),
60 g Vollkornbrot (2 BE),
15 g Halbfettmargarine,
30 g Edamer Käse (30 % Fett i. Tr.), Tee

3 BE/etwa 400 kcal

Chicoréesalat mit Orangen, ½ BE (Seite 72)
5 g Halbfettmargarine
45 g Vierkornbrot (1½ BE),
10 g Halbfettmargarine oder 5 g Diätmargarine,
40 g Geflügelmortadella,
100 g Gurkenscheiben,
Tee

3 BE/etwa 400 kcal

Kopfsalat mit Bohnen und Thunfisch (Seite 73),
50 g Mischbrot (2 BE) toasten;
30 g Vollkornbrot (1 BE),
5 g Diätmargarine,
oder 10 g Halbfettmargarine, 20 g Geflügel-Fleisch-Pastete,
Tee

3 BE/etwa 400 kcal

Vollkornnudelauflauf, 2 BE (Seite 41),
1 Portion Kopfsalat mit Kräutermarinade (Seite 69),
200 g frische Erdbeeren (1 BE)
oder 1 BE anderes Obst

Am Abend

Bei Kostplan mit 1800 Kalorien (Vorschläge und Rezepte)

3 BE/etwa 400 kcal

Bleichselleriesalat mit Tomate (Seite 75), 10 g Knäckebrot (½ BE), 30 g Frischkäse (20% Fett i. Tr.), Kirschauflauf, 2 BE (Seite 42); Vanillesauce: ⅛ l Milch, ½ BE (1,5% Fett), Vanilleschote, flüssigen Süßstoff, ¼ Meßlöffel Johannisbrotkernmehl aufkochen.

3 BE/etwa 400 kcal

Gratinierter Lauch oder Zucchiniauflauf (Seite 82 und 40), 50 g Stangenweißbrot (2 BE), Vanillecreme, 1 BE; (Seite 93) oder 1 BE frisches Obst oder Kompott

3 BE/etwa 400 kcal

Griechischer Bauernsalat (Seite 73), 60 g Roggenbrot (2 BE) toasten, 35 g Vollkornbrot (1 BE), 5 g Halbfettmargarine, 30 g geräucherte Putenbrust, Tee

3 BE/etwa 400 kcal

Kartoffelsalat mit Gurke und Tomate, 3 BE (Seite 78), 1 Scheibe kalter, magerer Braten (70 g) oder 60 g Geflügelfleischwurst oder Hirsegratin mit Aprikosen und Vanillesauce, 3 BE (Seite 42, 29, 88)

Bei Kostplan mit 2200 Kalorien (Vorschläge und Rezepte)

4 BE/etwa 550 kcal

Rindfleischsalat mit Paprika und Tomate (Seite 74) oder Wurstsalat mit Käse (Seite 71), 60 g Mischbrot (2 BE), 10 g Halbfettmargarine, 70 g Vollkornbrot (2 BE), 10 g Halbfettmargarine, 30 g Gouda-Käse (30% Fett i. Tr.), 50 g Radieschen, Tee

4 BE/etwa 550 kcal

Heringstopf (Seite 62), 240 g Pellkartoffeln, (3 BE) oder Moussaka, 3 BE (Seite 40), 110 g Nektarinen (1 BE) oder 1 BE anderes Obst oder 1 Dessert nach Wunsch

4 BE/etwa 550 kcal

Gemischter Salat mit Sesam (Seite 72), 60 g Mischbrot (2 BE), 10 g Halbfettmargarine, 40 g Handkäse mit Zwiebelsauce: 1 Teelöffel Öl, 1 Teelöffel Essig, 1 Teelöffel Zwiebelwürfel; 70 g Vollkornbrot (2 BE), 10 g Halbfettmargarine, 30 g Geflügel-Salami, Tee

4 BE/etwa 550 kcal

Eissalat mit Paprika und Mais, ¼ BE (Seite 76), 55 g Roggenbrot (1¾ BE), 5 g Halbfettmargarine, 100 g Tatar, ½ Eigelb, 1 Teelöffel Zwiebelwürfel, Salz, Pfeffer, 60 g Mehrkornbrot (2 BE), 10 g Halbfettmargarine, 30 g Edelpilzkäse (30% Fett i. Tr.), 50 g Tomate, Tee

Vor dem Schlafengehen

Bei Kostplan mit 1200 Kalorien (Vorschläge und Rezepte)

1 BE/etwa 50 kcal
Frisches Obst

110 g Kiwi (1 BE) oder 1 BE anderes Obst, zum Beispiel 170 g Johannisbeeren oder 170 g Brombeeren

1 BE/etwa 50 kcal

120 g Aprikosen (1 BE), frisch oder Diabetikerkompott aus der Dose. Wichtig: Achten Sie auf die Angaben des Herstellers.

1 BE/etwa 50 kcal
Tomatensaft und Knäckebrot

1 Glas Tomatensaft (150 ccm), 20 g Knäckebrot (1 BE) oder 20 g Vollkornzwieback

1 BE/etwa 50 kcal)

15 g Salzstangen und Brezeln (1 BE)

Bei Kostplan mit 1500 Kalorien (Vorschläge und Rezepte)

2 BE/etwa 100 kcal
Frisches Obst mit Knäckebrot

180 g Orange (1 BE) oder 1 BE anderes Obst, 20 g Knäckebrot (1 BE)

2 BE/etwa 100 kcal
Preiselbeerjoghurt mit Haferflocken

125 g Joghurt, ½ BE (1,5% Fett), 75 g Preiselbeeren (½ BE) in wenig Wasser dünsten, mit Süßstoff und Joghurt verrühren; 20 g Haferflocken (1 BE) in der beschichteten Pfanne rösten und darüber streuen.

2 BE/etwa 100 kcal
Frisches Obst mit Diabetikergebäck

90 g frische Ananas ohne Schale (1 BE), Diabetikerkekse (1 BE). Wichtig: Achten Sie auf die Angaben auf der Packung.

2 BE/etwa 100 kcal
Obstsalat

50 g Birne (½ BE),
60 g Mandarinen (½ BE),
55 g Kiwi (½ BE),
flüssiger Süßstoff,
Zitronensaft;
alle Zutaten vermengen.
10 g Vollkornzwieback (½ BE)

Vor dem Schlafengehen

Bei Kostplan mit 1800 Kalorien (Vorschläge und Rezepte)

2 BE/etwa 150 kcal
Apfelvollkornreis

15 g Vollkornreis (1 BE) in Wasser kochen. 100 g Apfelscheiben (1 BE) in etwas Wasser dünsten. Mit flüssigem Süßstoff, Zitronensaft und 1 Prise Zimtpulver und dem Reis vermischen, 5 g grobgehackte Walnüsse darüber streuen.

2 BE/etwa 150 kcal
Erdbeerquark

50 g Magerquark, 200 g Erdbeeren (1 BE) (die Hälfte der Früchte pürieren, die andere Hälfte kleinschneiden) mit flüssigem Süßstoff verrühren.
20 g Vollkornzwieback (1 BE)

2 BE/etwa 150 kcal
Frisches Obst mit Knäckebrot

180 g Mandarinen (1 BE) oder 1 BE anderes Obst, 20 g Knäckebrot (1 BE), 10 g Halbfettmargarine oder 5 g Diätmargarine

2 BE/etwa 150 kcal

200 g Grapefruit (1 BE), 30 g Vierkornbrot (1 BE), 30 g Frischkäse (20% Fett i. Tr.)

Bei Kostplan mit 2200 Kalorien (Vorschläge und Rezepte)

3 BE/etwa 250 kcal

60 g Weizenschrotbrot (2 BE),
5 g Diätmargarine,
30 g Frischkäse (30% Fett i. Tr.),
100 g Birne (1 BE) oder 1 BE anderes frisches Obst

3 BE/etwa 250 kcal

Gemischtes Kompott (1 BE) aus der Dose.
Wichtig: Achten Sie auf die Angaben des Herstellers.
20 g Vollkornzwieback (1 BE), 5 g Diätmargarine
Diabetikerkekse (1 BE)
Wichtig: Achten Sie auf die Angaben auf der Packung.

3 BE/etwa 250 kcal
Dickmilch mit Früchten

250 g Dickmilch, 1 BE (1,5% Fett),
50 g Apfelscheiben (½ BE),
65 g Orangenscheiben (½ BE),
20 g Knäckebrot (1 BE),
5 g Diätmargarine

3 BE/etwa 250 kcal

25 g Mischbrot (1 BE),
15 g Salzstangen und -brezeln (1 BE),
15 g Kräcker (1 BE),
40 g Käsewürfel (30% Fett i. Tr.)
Dazu paßt ein Schoppen trockener Wein (kcal beachten!)

Suppen, Eintöpfe und Aufläufe

In diesem Kapitel finden alle, die gerne Suppe essen, wohlschmeckende Rezepte. Ein Beispiel ist die hier abgebildete Tomatensuppe mit Kräutern (Rezept Seite 35). Als Auftakt für ein Menü können Sie die Rezepte problemlos in Ihren Tagesplan einbauen. Ob feine Bouillons, cremige Gemüsesuppen oder Kaltschalen, für jeden Geschmack ist bestimmt etwas dabei. Für die Gemüsesuppen sollten Sie nur frisches Gemüse kaufen. Richten Sie sich bei der Auswahl auch nach dem saisonalen Angebot. Wenn es schneller gehen soll, dann können Sie auch tiefgefrorenes Gemüse verwenden.
Eintöpfe sind Gerichte mit Tradition und stehen heute immer noch hoch im Kurs. Auch wenn die Familienmitglieder zu verschiedenen Zeiten zu Tisch kommen, bietet sich ein schmackhafter Eintopf als guter Ausweg geradezu an. Lassen Sie beim Kreieren und Kombinieren ihrer Phantasie freien Lauf. Kombiniert mit einem Dessert bekommen Sie, auch wenn der Eintopf ohne Fleisch zubereitet wird, eine vollwertige und sättigende Mahlzeit.
Mindestens ebenso beliebt sind Aufläufe, die mit einem passenden Salat oder einer Rohkost ergänzt, beliebte und sättigende Gerichte zum Mittag- und Abendessen sein können.
Aus nahezu allen Zutaten, die Sie als Diabetiker essen dürfen, lassen sich verlockende Köstlichkeiten herstellen. Blättern Sie und holen Sie sich Anregungen aus diesem Kapitel und probieren Sie das eine oder das andere Rezept ganz einfach aus.

Besonders leichte Vorsuppen

Rinderbrühe mit Ei

im Bild links

Zutaten für 2 Personen:
400 ccm entfettete Fleisch- oder Knochenbrühe
Salz · 1 Prise Cayennepfeffer
½ Glas trockener Weißwein (50 ccm) · 1 bis zur Markierung gefüllter Meßlöffel cholesterinarmes Eipulver · (Seite 120)
20 ccm handwarmes Wasser
1 Teel. Petersilie, feingehackt

Besonders schnell

Nährstoffgehalt pro Person etwa: 3 g E · 2 g F · 1 g KH 2 g Alkohol · 50 kcal/205 kJ 1 mg Cholesterin · 0 BE

Arbeitszeit: 10 Minuten
Garzeit: 5 Minuten

Die Brühe erhitzen. Mit Salz, dem Cayennepfeffer und dem Weißwein abschmecken. Das Eipulver mit dem Wasser verrühren und etwa 5 Minuten stehen lassen. Noch einmal umrühren und in die heiße Brühe einlaufen lassen. Nicht mehr kochen! • Die Brühe mit Petersilie bestreut servieren.

Blumenkohlsuppe

im Bild vorne

Zutaten für 2 Personen:
½ kleiner Blumenkohl oder 100 g Blumenkohlröschen · Salz
200 ccm entfettete Fleisch- oder Knochenbrühe
weißer Pfeffer, frisch gemahlen
Muskatnuß, frisch gerieben
2 Teel. Petersilie, feingehackt

Gelingt leicht

Nährstoffgehalt pro Person etwa: 3 g E · 1 g F · 3 g KH 30 kcal/125 kJ · kein Cholesterin · 0 BE

Arbeitszeit: 20 Minuten
Garzeit: 25 Minuten

Den Blumenkohl putzen, in Röschen teilen und waschen. Die Blumenkohlröschen in wenig Salzwasser in 15–20 Minuten garen. • Die Blumenkohlröschen in ein Sieb geben. Etwa 200 ccm von dem Blumenkohlwasser mit der Brühe aufkochen. Mit Salz, Pfeffer und Muskat würzen. Die Blumenkohlröschen hineingeben und nochmals aufkochen. Die Petersilie darüber streuen und die Suppe sofort servieren.

Fleischbrühe mit Spargel und Erbsen

im Bild rechts

Zutaten für 2 Personen:
400 ccm entfettete Fleisch- oder Knochenbrühe
50 g Suppenspargel
60 g feine Erbsen
Salz · Pfeffer · 2 Eßl. trockener Weißwein · 1 Teel. Petersilie, feingehackt

Schnell

Nährstoffgehalt pro Person etwa: 2 g E · 1 g F · 3 g KH 30 kcal/125 kJ · kein Cholesterin · ¼ BE

Arbeitszeit: 10 Minuten
Garzeit: 20 Minuten

Die Brühe erhitzen. Den Spargel schälen, hineingeben und 10–15 Minuten kochen lassen • Gefrorenen Spargel unaufgetaut dazugeben. Anschließend die Erbsen dazugeben und alles weitere 5 Minuten garen. • Die Suppe mit Salz und Pfeffer würzen und mit dem Weißwein verfeinern. Die Petersilie in die Suppe geben und sofort servieren.

Herzhafte Gemüsesuppe

Schmeckt am besten mit frischen Kräutern

Zutaten für 2 Personen:
100 g Tomaten (2 kleine)
400 ccm entfettete Fleisch- oder Knochenbrühe
100 g Gemüse (Weißkohl, Lauch, Sellerie, Möhre, Zwiebel)
½ Knoblauchzehe · Salz
weißer Pfeffer, frisch gemahlen
1 Prise Muskatnuß, frisch gerieben · 1 Prise getrocknetes Basilikum · 1 Prise getrockneter Thymian · 1 Teel. Petersilie, feingehackt

Braucht etwas Zeit

Nährstoffgehalt pro Person etwa: 2 g E · 1 g F · 4 g KH
30 kcal/130 kJ · kein Cholesterin · 0 BE

Arbeitszeit: 25 Minuten
Garzeit: 20–25 Minuten

Die Tomaten in kleine Stücke schneiden, mit etwas Brühe in einer Pfanne erhitzen und die Tomaten darin dünsten. • Das Gemüse putzen und in feine Streifen schneiden. Die Knoblauchzehe mit etwas Salz zerreiben. • Die restliche Brühe aufkochen. Inzwischen die Tomatenstücke durch ein Sieb passieren, mit den Gemüsestreifen und dem Knoblauch in der Brühe 15–20 Minuten garen. Mit Salz, Pfeffer und dem Muskat sowie den Kräutern würzen. Die Gemüsesuppe mit der Petersilie bestreuen und servieren.

Unser Tip: Am besten schmeckt die Suppe, wenn Sie die Bouillon (Brühe) selbst kochen. Bereiten Sie dann gleich eine größere Menge zu. Was Sie nicht sofort brauchen, können Sie portionsweise einfrieren. Eingefrorene Brühe hält sich etwa 8 Monate und muß vor dem Zubereiten nicht erst auftauen. Rinderbrühe schmeckt zum Beispiel am besten aus gemischtem Fleisch (Rippe, Schulter und Bein).

Tomatensuppe mit Kräutern

Auch für Gäste geeignet

Zutaten für 2 Personen:
500 g Tomaten · 1 mittelgroße Zwiebel · ½ Knoblauchzehe
1 Teel. Sonnenblumenöl
Salz · schwarzer Pfeffer, frisch gemahlen · Paprikapulver
je 1 Prise getrockneter Oregano, Thymian, Rosmarin, Basilikum · 1 Spritzer flüssiger Süßstoff · 400 ccm entfettete Fleisch- oder Knochenbrühe
1 Eßl. saure Sahne (10% Fett)
1 Eßl. Käse (30% Fett i. Tr.), frisch gerieben

Anspruchsvoll

Nährstoffgehalt pro Person etwa: 5 g E · 5 g F · 10 g KH
110 kcal/450 kJ · 5 mg Cholesterin · 0 BE

Arbeitszeit: 10–15 Minuten
Garzeit: 25 Minuten

Die Tomaten häuten und in kleine Stücke schneiden, dabei den Stielansatz entfernen. Die Zwiebel und den Knoblauch fein hacken. • Das Öl in einer beschichteten Pfanne erhitzen. Die Zwiebel und den Knoblauch hinzufügen und unter Rühren glasig braten. Die Tomatenstücke dazugeben. Mit Salz, Pfeffer, Paprikapulver, dem Oregano, dem Thymian, dem Rosmarin, dem Basilikum würzen. Den Süßstoff dazugeben, durchrühren und bei schwacher Hitze etwa 15 Minuten kochen lassen. • Die Brühe dazugießen und kurz aufkochen lassen. Die Suppe durch ein Sieb passieren. • Die saure Sahne in die heiße Suppe rühren. Mit dem Käse bestreuen und servieren.

Unser Tip: Wenn es besonders schnell gehen muß, können auch anstelle der frischen Tomaten geschälte Tomaten aus der Dose verwendet werden. Die Suppe schmeckt mit getrockneten, tiefgefrorenen und frischen Kräutern.

Cremesuppen mit Spargel und Gurken

Zum Genießen und Verwöhnen

Spargelcremesuppe

im Bild rechts

Zutaten für 2 Personen:
750 g grüner Spargel · Salz
1 Spritzer flüssiger Süßstoff
⅛ l Gemüsebrühe
weißer Pfeffer, frisch gemahlen
1 Meßlöffel Johannisbrotkernmehl (Seite 120) · 30 g saure Sahne (10% Fett) · 1 Eßl. Dill, feingeschnitten

Ballaststoffreich

Nährstoffgehalt pro Person etwa: 8 g E · 2 g F · 5 g KH
70 kcal/290 kJ · 5 mg Cholesterin · 0 BE

Arbeitszeit: 20 Minuten
Garzeit: 15–20 Minuten

Den Spargel waschen und die unteren Stücke der Stangen schälen. Eventuell die holzigen Enden vorher abschneiden. Die Spargelspitzen in einer Länge von etwa 5 cm abschneiden und beiseite legen. Den restlichen Spargel in Stücke schneiden. • Mit einer Prise Salz und dem Süßstoff in einen Topf geben. Knapp mit Wasser bedecken und zugedeckt in 15–20 Minuten garen. • Die Gemüsebrühe zum Kochen bringen und die Spargelspitzen darin etwa 10 Minuten kochen lassen. • Die Spargelstücke mit dem Kochwasser im Mixer pürieren. Die Spargelspitzen in einem Sieb abtropfen lassen und die Gemüsebrühe mit dem pürierten Spargel verrühren. Die Suppe mit Pfeffer und eventuell noch Salz würzen. • Die Suppe erhitzen, das Johannisbrotkernmehl einstreuen und mit einem Schneebesen gut verrühren. Dann noch einmal aufkochen lassen. Die Suppe vom Herd nehmen, mit der sauren Sahne abrunden, die Spargelspitzen hineingeben und noch einmal kurz erhitzen. • Mit dem Dill bestreuen und sofort servieren.

Gurkencremesuppe

im Bild links

Zutaten für 2 Personen:
200 g Salat- oder Gemüsegurken · ½ Teel. frischer oder ¼ Teel. getrockneter Rosmarin
¼ l Gemüsebrühe
20 g durchwachsener Speck
1 Teel. Zitronensaft · flüssiger Süßstoff · Salz · weißer Pfeffer
½ Meßlöffel Johannisbrotkernmehl (Seite 120)
30 g saure Sahne (10% Fett)
2 Eßl. Borretsch, feingeschnitten

Gelingt leicht

Nährstoffgehalt pro Person etwa: 2 g E · 8 g F · 6 g KH
110 kcal/460 kJ · 9 mg Cholesterin · 0 BE

Arbeitszeit: 10 Minuten
Garzeit: 25 Minuten

Zunächst ein etwa 15 cm langes Stück von der Gurke abschneiden und beiseite legen. Den Rest schälen, der Länge nach halbieren und mit einem Löffel die Kerne herauskratzen. Die Gurke in etwa 2 cm große Würfel schneiden. • Die Gurkenwürfel mit dem Rosmarin in der Gemüsebrühe bei schwacher Hitze zugedeckt etwa 20 Minuten kochen lassen. • In der Zwischenzeit den Speck in kleine Würfel schneiden und in einer Pfanne ausbraten. • Das zurückbehaltene Stück Gurke waschen, abtrocknen und ungeschält raspeln. Den Speck, die Gurkenraspel, den Zitronensaft, Süßstoff, Salz und Pfeffer unter die Suppe mischen. • Das Johannisbrotkernmehl einstreuen, gut verrühren und noch einmal kurz aufkochen lassen. Die Suppe von der Kochstelle ziehen. Die saure Sahne unterrühren, die Suppe mit dem Borretsch bestreuen und servieren.

Suppen aus Kartoffeln, Möhren und Lauch

Besonders beliebt im Winter

Kartoffelsuppe

im Bild hinten

Zutaten für 2 Personen:
480 g geschälte Kartoffeln · Salz
100 g Möhren · 300 g Lauch
30 g durchwachsener Speck
1 große Zwiebel · ½ l entfettete Fleisch- oder Knochenbrühe
30 g saure Sahne (10% Fett)
2 Eßl. Petersilie, frisch gehackt

Ballaststoffreich

Nährstoffgehalt pro Person etwa: 12 g E · 14 g F · 49 g KH
380 kcal/1595 kJ
18 mg Cholesterin · 3 BE

Arbeitszeit: 15–20 Minuten
Garzeit: 35 Minuten

Die Kartoffeln in Würfel schneiden und in einen Topf geben. Etwa ½ Teelöffel Salz dazugeben, mit Wasser bedecken und zum Kochen bringen. Zugedeckt etwa 20 Minuten kochen lassen. • Die Möhren schälen, waschen und in kleine Würfel schneiden. Den Lauch putzen, gründlich waschen und in Ringe schneiden. Mit den Möhrenwürfeln und etwas Salz in wenig Wasser zugedeckt 15 Minuten kochen lassen. • Den Speck in Würfel und die Zwiebel in Ringe schneiden. • Die Kartoffeln mit einem Teil des Kochwassers mit einem Pürierstab pürieren. Die Möhren und den Lauch mit dem Kochsud unter den Kartoffelbrei mischen. • Die Fleisch- oder Knochenbrühe erhitzen und dazugießen, bis eine sämige Masse entsteht. • Den Speck in einer beschichteten Pfanne ausbraten und die Zwiebelringe darin goldgelb braten. • Die saure Sahne mit der Suppe verrühren. Den Speck mit den Zwiebelringen und der Petersilie über die Suppe geben und servieren.

Pichelsteiner Eintopf

im Bild vorne

Zutaten für 2 Personen:
100 g Rindfleisch (Kamm)
100 g mageres Schweinefleisch (Schulter) · 1 kleine Stange Lauch · 1 kleine Zwiebel
1 Möhre · 50 g Knollensellerie
150 g Brechbohnen
150 g Wirsing oder Weißkohl
10 g Diätmargarine · Salz
Pfeffer · getrockneter Majoran
1 Lorbeerblatt
½ l entfettete Fleisch- oder Knochenbrühe · der Kohlenhydratverordnung entsprechend doppelte Kartoffelmenge
1 Teel. Petersilie, frisch gehackt

Braucht etwas Zeit

Nährstoffgehalt pro Person (ohne Kartoffeln) etwa: 26 g E
20 g F · 15 g KH
350 kcal/1465 kJ
70 mg Cholesterin · 0 BE

Arbeitszeit: 30 Minuten
Garzeit: 1¼–1¾ Stunden

Das Fleisch würfeln. • Den Lauch putzen, waschen und in Ringe schneiden. Die Zwiebel in Ringe schneiden. Die Möhre und den Sellerie würfeln. Die Bohnen putzen und in Stücke brechen. Den Kohl putzen, grob zerkleinern. • Die Margarine erhitzen, die Fleischwürfel und die Zwiebelringe darin anbraten. • Das Fleisch und das Gemüse lagenweise in einen Topf schichten, jede Schicht mit Salz, Pfeffer und Majoran bestreuen. Das Lorbeerblatt darauf legen. Die Brühe darüber gießen und alles aufkochen. Zugedeckt bei mittlerer Hitze in 1–1½ Stunden garen. • Die Kartoffeln schälen, würfeln und separat garen. Die Hälfte der Kartoffelmenge in einen Suppenteller füllen und die Hälfte des Eintopfes darüber geben. Mit der Petersilie bestreuen und servieren.

Beliebte Eintöpfe aus Gemüse der Saison

Schmecken das ganze Jahr über

Irish Stew

im Bild links

Zutaten für 2 Personen:
200 g mageres Hammelfleisch
(Keule) · 1/4–1/2 l Wasser
1 große Möhre · 2 kleine
Zwiebeln · 400 g Weißkohl
10 g Sonnenblumenöl · Salz
Pfeffer · 1/2 Teel. getrockneter
Thymian · 1 Teel. Kümmel
1/2 Lorbeerblatt
320 g geschälte Kartoffeln
1/2 Bund Petersilie

Ballaststoffreich

Nährstoffgehalt pro Person etwa: 24 g E · 23 g F · 30 g KH
435 kcal/1830 kJ
70 mg Cholesterin · 2 BE

Arbeitszeit: 20–30 Minuten
Garzeit: 1 Stunde und 10 Minuten

Das Fleisch von den Sehnen befreien, würfeln und in dem Wasser etwa 10 Minuten kochen lassen. • Die Möhren schälen und in Stifte schneiden. Die Zwiebeln schälen und in Ringe schneiden. Den Weißkohl halbieren, vom Strunk befreien und hobeln. • Das Fleisch aus der Brühe nehmen. • Die Brühe beiseite stellen. Das Öl erhitzen und abwechselnd das Fleisch, die Möhren, die Zwiebeln und den Kohl einschichten. Jede Lage mit Salz, Pfeffer, dem Thymian und dem Kümmel würzen. Die Brühe dazugießen. Das Lorbeerblatt darauf legen. • Zugedeckt bei schwacher Hitze in 1 Stunde garen. • In der Zwischenzeit die Kartoffeln würfeln und in wenig Salzwasser garen. Die Petersilie fein hacken. Die Hälfte des Eintopfes und die Hälfte der Kartoffeln vermischen, mit der Petersilie bestreuen und servieren.

Gemüsetopf mit Hühnerbrust

im Bild rechts

Zutaten für 2 Personen:
200 g Hühnerbrust · 1/2 l Wasser
1 Zwiebel · Salz
400 g Gemüse · 1/2 Knoblauchzehe · 1 1/2 Eßl. Sonnenblumenöl
1/2 l entfettete Hühnerbrühe,
1 Teel. Tomatenmark
doppelte Nudel- oder
Reismenge entsprechend der
Kohlenhydratverordnung
Pfeffer · 1 Eßl. Kräuter wie
Petersilie oder Schnittlauch,
frisch gehackt

Ballaststoffreich

Nährstoffgehalt pro Person (ohne Nudeln oder Reis) etwa:
29 g E · 13 g F · 14 g KH
300 kcal/1245 kJ
61 mg Cholesterin · 0 BE

Arbeitszeit: 20 Minuten
Garzeit: 1 Stunde

Das Fleisch mit dem Wasser zum Kochen bringen. Die Zwiebel halbieren. Eine Hälfte beiseite legen und die andere Hälfte achteln. Mit etwas Salz zum Fleisch geben und etwa 30 Minuten kochen lassen. Das Fleisch würfeln. • Das Gemüse kleinschneiden, die restliche Zwiebel und den Knoblauch fein hacken. Das Öl erhitzen. Die Zwiebel und den Knoblauch darin etwa 1 Minute braten. Das Gemüse dazugeben, mit der Hälfte der Hühnerbrühe etwa 15 Minuten dünsten. Die restliche Brühe, das Tomatenmark und die Fleischwürfel dazugeben. Die Suppe noch 5–10 Minuten kochen lassen. • Die Nudeln oder den Reis in einem separaten Topf garen. • Den Eintopf mit Pfeffer und Salz würzen. Die verordnete Nudel- oder Reismenge in zwei Suppenteller füllen. Den Eintopf über die Nudeln oder den Reis geben, mit den Kräutern bestreut servieren.

Getreidegerichte aus Weizen und Hirse

Für Reduktionskost nicht geeignet

Weizen mit Auberginen und Tomaten

im Bild links

Zutaten für 2 Personen:
120 g Weizenkörner
400 ccm Wasser · Salz · 300 g Auberginen · 300 g Tomaten
1 Zwiebel · 2 Knoblauchzehen
2 Eßl. Sonnenblumenöl
⅛ l Rotwein
1 Teel. gekörnte Gemüsebrühe
1 Eßl. Oregano
Pfeffer, frisch gemahlen
30 g Käse (30% Fett i. Tr.), frisch gerieben

Ballaststoffreich

Nährstoffgehalt pro Person etwa: 16 g E · 15 g F · 46 g KH
5 g Alkohol · 420 kcal/1680 kJ
11 mg Cholesterin · 3 BE

Arbeitszeit: 30 Minuten
Quellzeit: 1 Stunde
Garzeit: 1¼ Stunden

Die Weizenkörner verlesen, waschen und in dem Wasser mit etwas Salz etwa 1 Stunde bei schwacher Hitze kochen lassen. Etwa 1 Stunde ohne Deckel ausquellen lassen. • Die Auberginen waschen, abtrocknen, von den Stiel- und Blütenansätzen befreien und würfeln. Mit Salz bestreuen und etwa 10 Minuten ziehen lassen. • Die Tomaten häuten und würfeln. • Die Zwiebel und die Knoblauchzehen fein würfeln. Die Auberginen trockentupfen. Das Öl erhitzen. Die Auberginen, die Zwiebel und den Knoblauch darin glasig dünsten. Den Weizen und den Rotwein dazugeben und aufkochen lassen. Mit der Brühe, dem Oregano, Salz und Pfeffer würzen. Bei schwacher Hitze etwa 10 Minuten kochen lassen. Die Tomaten untermischen und alles etwa 10 Minuten ziehen lassen. • Die Mischung in eine Schüssel schichten. Jede Lage mit Käse bestreuen und servieren.

Grünkohlauflauf mit Hirse

im Bild rechts

Zutaten für 2 Personen:
450 g tiefgefrorener Grünkohl
¼ l Gemüsebrühe · 120 g Hirse
1 Zwiebel · 1 Knoblauchzehe
1 Eßl. Sonnenblumenöl · 2 Eier
30 g Käse (30% Fett i. Tr.), frisch gerieben · Salz · Pfeffer
Muskatnuß, frisch gerieben
10 g Pflanzenmargarine
Für die Auflaufform: Fett

Ballaststoffreich

Nährstoffgehalt pro Person etwa: 27 g E · 18 g F · 38 g KH
430 kcal/1800 kJ · 320 mg Cholesterin · 3 BE

Arbeitszeit: 45 Minuten
Garzeit: 40 Minuten

Den Grünkohl auftauen lassen. In ¼ l Gemüsebrühe erhitzen. Den Kohl darin etwa 30 Minuten bei schwacher Hitze kochen lassen. • Die Hirse verlesen, in einem Sieb kalt abspülen und abtropfen lassen. • Die Zwiebel und die Knoblauchzehe würfeln. Das Öl erhitzen und beides darin glasig dünsten. Die Hirse dazugeben und kurz mitbraten. Die restliche Brühe dazugießen, alles aufkochen lassen und im geschlossenen Topf bei schwacher Hitze in etwa 20 Minuten garen. • Den Backofen auf 200° vorheizen. • Die Eier trennen. Die Hirse, den Grünkohl, die Eigelbe und den Käse vermischen. Mit Salz, Pfeffer und Muskat würzen. • Die Eiweiße steif schlagen und unter die Grünkohlmasse ziehen. • Eine Form fetten und die Masse in die Form geben. Die Margarine in Flöckchen daraufgeben. Im Backofen (unten) in etwa 30 Minuten backen, dann die Form auf die oberste Schiene stellen und den Auflauf noch etwa 10 Minuten backen.

Beliebte Aufläufe aus Zucchini und Auberginen

Zucchini und Auberginen sind längst keine Exoten mehr

Moussaka

im Bild links

Zutaten für 2 Personen:
400 g geschälte Kartoffeln
2 Eßl. Maiskeimöl · Salz
400 g Auberginen
100 g Tomaten · 1 mittelgroße Zwiebel · 1 Knoblauchzehe
150 g Rinderhackfleisch
100 ccm entfettete Brühe · Salz
Pfeffer, frisch gemahlen
Thymian · Salbei · Rosmarin
60 ccm trockener Weißwein
125 ccm Milch (1,5% Fett) · 1 Ei
1 g Johannisbrotkernmehl (Seite 120) · 125 g Joghurt (1,5% Fett)

Ballaststoffreich

Nährstoffgehalt pro Person etwa: 33 g E · 21 g F · 48 g KH
530 kcal/2225 kJ
255 mg Cholesterin · 3 BE

Arbeitszeit: 40 Minuten
Garzeit: 1½ Stunden

Die Kartoffeln in Scheiben schneiden und in 1 Eßlöffel Öl anbraten. Mit Salz würzen. • Die Auberginen waschen, von den Stiel- und Blütenansätzen befreien, vierteln, in Scheiben schneiden. • In 1 Teelöffel Öl anbraten. • Die Zwiebel und Knoblauchzehe würfeln und im restlichen Öl anbraten. Das Hackfleisch darin anbraten. Die Brühe dazugießen, mit Salz und Pfeffer würzen und etwa 10 Minuten kochen lassen. • Die Tomaten häuten und achteln und mit den Auberginen, Thymian, Salbei, Rosmarin und dem Wein aufkochen lassen. • Den Backofen auf 200 ° vorheizen. • Die Kartoffeln und die Fleisch-Gemüse-Masse in die Form schichten. Etwa 40 Minuten im Backofen (Mitte) backen. • Die Milch mit dem Ei, dem Johannisbrotkernmehl und dem Joghurt verquirlen. Mit Salz und Pfeffer würzen. Die Eiermilch über die Moussaka gießen und in etwa 10 Minuten stocken lassen.

Zucchiniauflauf

im Bild rechts

Zutaten für 2 Personen:
100 g Tomaten · 1 Zwiebel
1 Teel. Sonnenblumenöl
150 g Rinderhackfleisch
100 ccm entfettete Fleischbrühe · Salz · Pfeffer · Oregano
400 g Zucchini · 10 g Diätmargarine · 2 Eßl. trockener Weißwein · 2 Eßl. Wasser
1 Eßl. Käse (30% Fett i. Tr.), frisch gerieben

Gelingt leicht

Nährstoffgehalt pro Person etwa: 23 g E · 13 g F · 7 g KH
245 kcal/1030 kJ
93 mg Cholesterin · 0 BE

Arbeitszeit: 20 Minuten
Garzeit: 45 Minuten

Die Tomaten häuten und in Scheiben schneiden. Die Zwiebel würfeln. • Das Öl erhitzen und die Zwiebel darin anbraten. Das Hackfleisch hinzufügen und unter Wenden kräftig anbraten. Die Brühe dazugießen, mit Salz, Pfeffer und Oregano würzen und etwa 10 Minuten kochen lassen. • Die Hälfte der Tomaten hinzufügen und darin ziehen lassen. • Inzwischen die Zucchini von den Stiel- und Blütenansätzen befreien und in Scheiben schneiden. • Die Margarine erhitzen und die Zucchini darin anbraten. Den Wein und das Wasser dazugießen und leicht salzen. • Den Backofen auf 200–225 ° vorheizen. • Die Hälfte Zucchini in eine Auflaufform geben und die Hackfleischmasse darauf verteilen. Die restlichen Zucchini darauf legen. In der Mitte die Tomatenscheiben verteilen. Mit Oregano bestreuen und im Backofen (Mitte) etwa 30 Minuten backen. Den Käse darüber streuen und noch etwa 5 Minuten überbacken. Mit Vollkornreis oder Mischbrot servieren.

Vollkornnudelauflauf

Läßt sich gut vorbereiten

Zutaten für 2 Personen:
65 g Vollkornnudeln
50 g gekochter Schinken
200 g Champignons
100 g Tomaten · 200 ccm Milch (1,5% Fett) · 1 Ei · Salz
schwarzer Pfeffer, frisch gemahlen · Muskatnuß, frisch gerieben · 1 Eßl. Petersilie, frisch gehackt · 2 Teel. Käse (30% Fett i. Tr.; 10 g), frisch gerieben
Für die Auflaufform: Margarine

Ballaststoffreich

Nährstoffgehalt pro Person etwa: 19 g E · 11 g F · 26 g KH
270 kcal/1150 kJ
200 mg Cholesterin · 2 BE

Arbeitszeit: 20 Minuten
Garzeit: 30 Minuten

Die Vollkornnudeln in kochendes Salzwasser geben und in etwa 15 Minuten garen. Eine Auflaufform einfetten und die Hälfte der Nudeln einfüllen. • Den Backofen auf 220° vorheizen. • Den Schinken würfeln. Die Champignons waschen, wenn nötig putzen und in Scheiben schneiden. Die Tomaten in Scheiben schneiden und mit den Pilzen und dem Schinken auf den Nudeln verteilen. Die restlichen Nudeln darübergeben. • Die Milch mit dem Ei verquirlen. Mit Pfeffer, Muskatnuß und Salz würzen. Die Petersilie unterrühren und die Eiermilch gleichmäßig über die Zutaten gießen. Den Käse über die Nudeln streuen. Den Auflauf in den Backofen (Mitte) schieben und etwa 30 Minuten überbacken, bis der Käse geschmolzen ist.

Unser Tip: Dazu paßt eine Portion frischer grüner Salat mit einer Kräutermarinade (Rezept Seite 69) und als Dessert frisches Obst oder Kompott entsprechend der Kohlenhydratverordnung.
Vollkornnudeln können Sie als Spaghetti und Spätzle, Bandnudeln oder Hörnchennudeln kaufen. Diese Nudelsorten gibt es in allen gutsortierten Lebensmittelgeschäften und Supermärkten.

Süße Aufläufe mit Kirschen und Aprikosen

Gelingen auch mit tiefgefrorenem Obst oder Apfelscheiben

Hirsegratin mit Aprikosen

im Bild links

Zutaten für 2 Personen:
Für die Form: Fett
60 g Hirse · 150 ccm Wasser
240 g frische Aprikosen ohne Stein oder Dunstaprikosen
125 g Magerquark · 1 Eigelb
1 Prise Salz · 1 Teel. flüssiger Süßstoff · 1 Eßl. Rum
1 Messerspitze Backpulver
Schale von 1 unbehandelten Zitrone · 25 g Haselnüsse, grob gemahlen · 1 Eiweiß
10 g Diätmargarine

Gelingt leicht

Nährstoffgehalt pro Person etwa: 18 g E · 16 g F · 34 g KH
350 kcal/1600 kJ
158 mg Cholesterin · 2,5 BE

Arbeitszeit: 15 Minuten
Garzeit: 15 Minuten
Backzeit: 25 Minuten

Die Form einfetten. • Die Hirse in einem Sieb abspülen, in dem Wasser zugedeckt etwa 15 Minuten kochen lassen. Die Herdplatte ausschalten und die Hirse noch weitere 15 Minuten quellen lassen. • Inzwischen die Aprikosen waschen, entsteinen und achteln. Dunstaprikosen abtropfen lassen. Den Backofen auf 220° vorheizen. • Den Magerquark mit dem Eigelb, dem Salz, dem Süßstoff, dem Rum, dem Backpulver und der Zitronenschale verrühren. Die Hirse mit der Quarkmasse und den Haselnüssen verrühren. 1 Teelöffel Haselnüsse zurücklassen. Die Aprikosen dazugeben. Das Eiweiß steif schlagen und unterheben. Die Masse in die Form füllen, glattstreichen. Die Diätmargarine in Flöckchen daraufsetzen und die restlichen Nüsse darüber streuen. Das Gratin im Backofen (Mitte) etwa 25 Minuten backen.

Kirschauflauf

im Bild rechts

Zutaten für 2 Personen:
1 Weizenschrotbrötchen (60 g)
⅛ l Milch (1,5% Fett)
150 g frische Sauerkirschen oder Dunstkirschen · Schale von 1 unbehandelten Zitrone
10 g Mandelblättchen · 1 Ei
1 Teel. flüssiger Süßstoff
10 g Diätmargarine
Für die Auflaufform: Margarine

Preiswert

Nährstoffgehalt pro Person etwa: 14 g E · 11 g F · 31 g KH
310 kcal/1315 kJ
160 mg Cholesterin · 2 BE

Arbeitszeit: 25 Minuten
Backzeit: 20 Minuten

Das Brötchen in Würfel schneiden und 10–15 Minuten in der Milch einweichen. • Die Kirschen entsteinen oder die Dunstkirschen abtropfen lassen. Die Zitronenschale, die Mandeln und die Kirschen mit den Brotwürfeln vermischen. • Den Backofen auf 220° vorheizen. • Das Ei in Eigelb und Eiweiß trennen. Das Eiweiß mit dem Süßstoff steif schlagen und das Eigelb vorsichtig unterrühren. Die Schaummasse unter die Kirschen-Brötchen-Masse heben. • Eine Auflaufform einfetten und die Form damit füllen. Die Diätmargarine als Flöckchen auf dem Auflauf verteilen und im Backofen (Mitte) in etwa 20 Minuten backen, bis die Oberfläche schön gebräunt ist. • Mit einer Vanillesauce (Rezept Seite 29) servieren.

Unser Tip: Mit einer Suppe von Seite 34, 35 oder 36 zum Auftakt ist Ihr Mittagessen komplett. Dabei sollten Sie immer von Ihrer Kohlenhydratverordnung ausgehen. Den Nährstoffgehalt der Vanillesauce erfahren Sie auf Seite 88.

Erfrischende Kaltschalen

Schmecken an heißen Tagen besonders gut

Buttermilchkaltschale

im Bild links

Zutaten für 2 Personen:
250 ccm Buttermilch
2 Teel. Zitronensaft, frisch gepreßt
Zimtpulver
flüssiger Süßstoff
6 frische Kirschen

Preiswert

Nährstoffgehalt pro Person etwa: 5 g E · 1 g F · 7 g KH
60 kcal/250 kJ · 5 mg Cholesterin · ½ BE

Arbeitszeit: 10 Minuten
Kühlzeit: 1 Stunde

Die Buttermilch in eine Schüssel geben. Dann mit dem Zitronensaft, Zimt und Süßstoff abschmecken. Die Kaltschale mindestens 1 Stunde kalt stellen. • Dann die Kaltschale in zwei Suppenteller füllen, je drei Kirschen als Garnitur hineingeben und gekühlt servieren.

Beerenkaltschale

im Bild rechts

Zutaten für 2 Personen:
300 ccm Wasser
20 g Früchtetee
¼ Zimtstange
1 Nelke
55 g Heidelbeeren
55 g rote Johannisbeeren
40 g schwarze Johannisbeeren (frisch oder tiefgefroren ohne Zuckerzusatz)
1 Eßl. trockener Rotwein
flüssiger Süßstoff
1 Eiweiß

Besonders schnell

Nährstoffgehalt pro Person etwa: 3 g E · 0 g F · 6 g KH
30 kcal/130 kJ
kein Cholesterin · ½ BE

Arbeitszeit: 30 Minuten
Kühlzeit: 1 Stunde

Das Wasser aufkochen und auf den Früchtetee gießen. Die Zimtstange und die Nelke dazugeben und 10–15 Minuten ziehen lassen. Den Tee durch ein Sieb gießen. • Die Heidel- und Johannisbeeren verlesen und waschen. Die Johannisbeeren von den Rispen zupfen und die Hälfte der Früchte durch ein Sieb passieren. Mit den restlichen Beeren in zwei Suppentassen verteilen. • Den Tee mit Rotwein und Süßstoff abschmecken, über die Beeren gießen und mindestens 1 Stunde kalt stellen. • Kurz vor dem Servieren das Eiweiß steif schlagen. Mit einem Teelöffel kleine Eiweißhäufchen auf die Kaltschale setzen.

Variante: Für eine Erdbeerkaltschale nehmen Sie statt Früchte- Malventee. Die Beeren ersetzen Sie durch 200 g frische oder tiefgefrorene Erdbeeren. Gut gekühlt schmeckt die Erdbeerkaltschale sehr erfrischend.

Beliebte Fleisch- und Fischgerichte

Ein wichtiger Eiweißlieferant ist Fleisch. Egal, ob Sie Fleisch vom Rind, Schwein, Kalb, Lamm oder Wild wählen, alle Sorten können Sie verwenden. Wichtig dabei ist, daß Sie magere Stücke auswählen. In diesem Kapitel zeigen wir Ihnen, wie Sie die verschiedenen Fleischsorten fettarm und abwechslungsreich zubereiten können, und die zudem noch ausgezeichnet schmecken. Probieren Sie einmal den hier abgebildeten Sauerbraten nach Hausfrauenart (Rezept Seite 46).
Fisch ist ebenfalls eiweißreich, größtenteils fettarm und mineralstoffreich. Einige Seefische enthalten reichlich ungesättigte Fettsäuren (Lachs, Makrele, Hering). Sorgen Sie dafür, daß ein- bis zweimal in der Woche Fisch auf dem Speiseplan steht. Fischfleisch bietet noch weitere Vorteile: Es enthält wenig Bindegewebe und ist deshalb schnell und leicht verdaulich.
Geflügel gehört seit langem schon zu den beliebtesten Fleischsorten. Es ist sehr zart, leicht bekömmlich, fettarm (bis auf Ente und Gans) und ist relativ preiswert.
Geflügel können Sie frisch und tiefgefroren, ganz oder in kleinen Portionsstücken das ganze Jahr über kaufen. Wie Sie Geflügel raffiniert zubereiten können, erfahren Sie auf den folgenden Seiten.

Sauerbraten nach Hausfrauenart

Muß vorbereitet werden

Zutaten für 2 Personen:
300 g Rindfleisch aus der
Schulter oder Keule
Für die Beize:
½ kleine Zwiebel · ½ Möhre
1 Stück Sellerieknolle
1 Lorbeerblatt
2–3 Gewürznelken
2–3 Pimentkörner
1–2 Pfefferkörner
¼ l trockener Rot- oder
Weißwein · 100 ccm Wasser
Zum Braten: 10 g geräucherter,
durchwachsener Speck · 2 Teel.
Maiskeimöl · Salz · schwarzer
Pfeffer, frisch gemahlen · 1 Eßl.
Tomatenmark · ½ g Johannis-
brotkernmehl (½ Meßlöffel)
2–3 Eßl. saure Sahne (10% Fett)

Nicht für Reduktionskost

Nährstoffgehalt pro Person
etwa: 33 g E · 20 g F · 4 g KH
340 kcal/1425 kJ
180 mg Cholesterin · 0 BE

Arbeitszeit: 30 Minuten
Marinierzeit: 24 Stunden
Garzeit: 1½–2 Stunden

Das Fleisch waschen, trockentupfen und in ein Gefäß legen. • Die Zwiebel schälen. Die Möhre und den Sellerie putzen und waschen. Die Zwiebel, die Möhre und den Sellerie kleinschneiden und in einen Topf geben. Das Lorbeerblatt, die Gewürznelken und die Piment- und Pfefferkörner dazugeben. Den Rot- oder Weißwein und das Wasser dazugießen und alles 2–3 Minuten kochen lassen. • Die kochendheiße Beize über das Fleisch gießen. Dann das Fleisch einmal wenden, damit es von allen Seiten von der Beize berührt wird. Abkühlen lassen und zugedeckt mindestens 24 Stunden im Kühlschrank ziehen lassen. Während dieser Zeit das Fleisch mehrmals wenden. • Den Speck in kleine Würfel schneiden und im Bratentopf zerlassen. Das Öl hinzufügen. • Das Fleisch aus der Beize nehmen, gut abtropfen lassen, mit Küchenkrepp trocknen und mit Salz und Pfeffer würzen. Das Fleisch in das heiße Fett geben und von allen Seiten kräftig anbraten. • Das Gemüse und die Gewürze aus der Beize nehmen, dazugeben und etwa 2 Minuten mitbraten lassen. Das Tomatenmark einrühren und 2 Eßlöffel von der Beize dazugießen. Die restliche Beize langsam nachgießen. • Das Fleisch bei schwacher Hitze zugedeckt 1½–2 Stunden schmoren, dabei mehrmals wenden. Wenn das Fleisch weich ist, herausnehmen und warm stellen. • Den Bratensaft mit dem Gemüse durch ein Sieb geben und eventuell mit dem Johannisbrotkernmehl binden. • Mit Salz und Pfeffer würzen und die saure Sahne unterrühren. Den Sauerbraten in Scheiben schneiden, etwas Sauce darüber gießen und die restliche Sauce dazu servieren. • Dazu passen Kartoffelklöße, Spätzle oder Bandnudeln entsprechend der Kohlenhydratverordnung und Kopf- oder Eisbergsalat.

Unser Tip: Für die Zubereitung des Sauerbratens brauchen Sie viel Zeit, deshalb sollten Sie ihn gleich in einer größeren Menge zubereiten. Was dann übrig bleibt, können Sie portionsweise einfrieren. Aber: Nicht zu lange im Gefrierfach lassen, sondern bald eine neue Mahlzeit damit planen. Das bietet besonders für Alleinstehende und Berufstätige Vorteile.

Rinderroulade mit Speck und Gurke gefüllt

Die Füllung sorgt für den pikanten Geschmack

Zutaten für 2 Personen:
2 Rinderrouladen zu je etwa
120 g · 1 Teel. Senf · Salz
Pfeffer · Paprikapulver
20 g durchwachsener Speck
1 große Gewürzgurke · 1 kleine
Zwiebel · Küchengarn
10 g Diätmargarine · ½ Bund
Suppengrün · 1 Tomate
⅛–¼ l entfettete Fleisch- oder
Knochenbrühe · 1 Lorbeerblatt
2 Eßl. trockener Rotwein
2 Eßl. saure Sahne (10% Fett)

Nicht für Reduktionskost

Nährstoffgehalt pro Person
etwa: 29 g E · 18 g F · 8 g KH
330 kcal/1380 kJ
160 mg Cholesterin · 0 BE

Arbeitszeit: 20 Minuten
Garzeit: 1¼ Stunden

Das Fleisch dünn mit dem Senf bestreichen. Dann mit Salz, Pfeffer und Paprikapulver würzen. Je eine Scheibe Speck darauflegen. • Die Gewürzgurke in etwa 4 Streifen schneiden. Die Zwiebel in Ringe schneiden. Gurkenstreifen und Zwiebelringe ebenfalls auf das Fleisch legen. • Die Roulade zusammenrollen und mit Küchengarn umwickeln. Die Margarine erhitzen und die Rouladen darin bei starker Hitze von allen Seiten kräftig anbraten. Mit etwas Salz, Pfeffer und Paprikapulver bestreuen. • Das Suppengrün zerkleinern, die Tomate vierteln, dazugeben und mitschmoren lassen. Mit der Brühe aufgießen. Das Lorbeerblatt dazugeben und alles bei schwacher Hitze etwa 1 Stunde schmoren lassen. • Die Rouladen aus dem Bratensaft nehmen, das Küchengarn entfernen und das Fleisch warm stellen. Den Bratensaft durch ein Sieb in einen Topf passieren und einkochen lassen. Den Rotwein und die saure Sahne unterrühren. Die Rouladen in der Sauce servieren. • Dazu passen Kartoffelpüree oder Salzkartoffeln entsprechend der Kohlenhydratverordnung und Broccoli mit Pinienkernen (Rezept Seite 81).

Zürcher Geschnetzeltes

Eine Spezialität aus der Schweiz

Zutaten für 2 Personen:
200 g Kalbsfilet · 1 kleine Zwiebel · 2 Bund Petersilie
100 g Champignons · 1 Eßl. Maiskeimöl · 5 g Diätmargarine
60 ccm entfettete Fleisch- oder Knochenbrühe · ½ Meßlöffel Johannisbrotkernmehl (Seite 120) · 2 Eßl. Wasser
50 ccm trockener Weißwein
Salz · weißer Pfeffer, frisch gemahlen · 50 g saure Sahne (10% Fett)

Für Ungeübte

Nährstoffgehalt pro Person etwa: 23 g E · 10 g F · 4 g KH 2 g Alkohol · 220 kcal/920 kJ 90 mg Cholesterin · 0 BE

Arbeitszeit: 30 Minuten
Garzeit: 10–15 Minuten

Das Kalbsfilet häuten und mit einem scharfen Messer in feine Streifen schneiden. • Die Zwiebel schälen und fein würfeln. Die Petersilie hacken. Die Champignons waschen, wenn nötig putzen und große Pilze vierteln. • Das Öl und die Margarine in einer Pfanne erhitzen und die Zwiebelwürfel darin glasig braten. Das Fleisch und die Champignons dazugeben und unter ständigem Wenden in etwa 3 Minuten bei mittlerer bis starker Hitze anbraten. • Die Champignons und Fleischstreifen aus der Pfanne nehmen. Den Bratensatz mit der Fleischbrühe unter Rühren lösen und aufkochen lassen. Das Johannisbrotkernmehl in die heiße Flüssigkeit rühren und kurz aufkochen lassen. Den Weißwein dazugießen. Das Fleisch und die Champignons in die Sauce geben und nochmals etwa 2 Minuten erhitzen. Mit Salz und Pfeffer würzen. • Die Pfanne vom Herd nehmen und die saure Sahne unter das Geschnetzelte rühren. Mit der Petersilie bestreuen und sofort servieren. • Dazu passen Spätzle oder Bandnudeln entsprechend der Kohlenhydratverordnung und der Radicchiosalat mit Walnüssen von Seite 72 oder Eissalat mit Sprossen (Seite 75).

Schweinefleisch- und Rindfleischgerichte mit Champignons

Schmeckt nicht nur Gästen gut

Chop Suey

im Bild links

Zutaten für 2 Personen:
200 g Schweinefleisch · 1 große Zwiebel · 3–6 Champignons · ⅛ Sellerieknolle · je 1 kleine rote und grüne Paprikaschote · 60 g Sojabohnensprossen · Salz · weißer Pfeffer, frisch gemahlen · 1 Eßl. Maiskeimöl · 2 Eßl. Sojasauce

Ballaststoffreich

Nährstoffgehalt pro Person etwa: 21 g E · 27 g F · 8 g KH
370 kcal/1550 kJ
70 mg Cholesterin · 0 BE

Arbeitszeit: 30 Minuten
Garzeit: 20–30 Minuten

Das Fleisch waschen, trokkentupfen und in dünne Streifen schneiden. Die Zwiebel schälen und in Ringe schneiden. Die Champignons waschen, wenn nötig putzen und vierteln. Den Sellerie schälen und in feine Streifen schneiden. Die Paprikaschoten halbieren, von den Kernen und weißen Rippen befreien, waschen und fein würfeln. Die Sojabohnensprossen in einem Sieb mit kaltem Wasser abspülen und abtropfen lassen. Das Fleisch, die Zwiebelringe, die Champignons, den Sellerie, die Paprikawürfel und die Sprossen in einer Schüssel mischen und mit Salz und Pfeffer würzen. • Das Öl in einer beschichteten Pfanne erhitzen und die Mischung darin in 20–30 Minuten bei mittlerer Hitze braten. Dabei öfters umrühren. Vor dem Servieren die Sojasauce unterrühren. • Dazu passen Reis oder Stangenweißbrot entsprechend der Kohlenhydratverordnung und Feldsalat.

Unser Tip: Dieses Gericht ist für eine Reduktionskost nicht geeignet.

Rindergulasch im Tontopf

im Bild rechts

Zutaten für 2 Personen:
200 g Champignons · 2 kleine Zwiebeln · ½ Bund Suppengrün · 200 g Rindergulasch · Salz · weißer Pfeffer, frisch gemahlen · Paprikapulver · 10 g Diätmargarine · 50 ccm entfettete Fleisch- oder Knochenbrühe · 1 Eßl. saure Sahne (10% Fett)

Gelingt leicht

Nährstoffgehalt pro Person etwa: 24 g E · 12 g F · 4 g KH
225 kcal/945 kJ
121 mg Cholesterin · 0 BE

Arbeitszeit: 15 Minuten
Garzeit: 1½ Stunden

Den Tontopf mit dem Deckel 15 Minuten in kaltes Wasser stellen. • Die Champignons waschen und wenn nötig putzen. Die Zwiebeln schälen und in Würfel schneiden. Das Suppengrün putzen und kleinschneiden. Die Champignons, die Zwiebelwürfel, das Fleisch und das Suppengrün in den Tontopf schichten. • Mit Salz, Pfeffer und Paprikapulver bestreuen. Die Margarine in Flöckchen darauf verteilen. • Die Fleischbrühe erhitzen, darüber gießen. Den Deckel auflegen und den Tontopf in den kalten Backofen (unten) schieben. Das Gulasch bei 200° etwa 90 Minuten schmoren lassen. • Dann das Gulasch mit Salz, Pfeffer und Paprikapulver noch einmal abschmecken. Die saure Sahne unterrühren. • Mit Salzkartoffeln oder Teigwaren entsprechend der Kohlenhydratverordnung servieren. Dazu paßt Möhrenrohkost (Rezept Seite 72) oder Eissalat mit Paprika und Mais (Rezept Seite 76) oder grüner Salat.

Wirsingrouladen mit Hackfleischfüllung

Schmeckt auch mit Weißkohl und Chinakohl

Zutaten für 2 Personen:
1 großer Wirsingkohl · Salz
Für die Füllung: 1 kleine Zwiebel · 150 g Rinderhackfleisch oder Tatar
1 Teel. Petersilie, frisch gehackt
1 Eßl. Magerquark · 1 Ei
weißer Pfeffer, frisch gemahlen
Kümmel · Küchengarn
15 g Diätmargarine
⅛ l entfettete Fleisch- oder Knochenbrühe

Ballaststoffreich

Nährstoffgehalt pro Person etwa: 22 g E · 18 g F · 13 g KH
310 kcal/1300 kJ
158 mg Cholesterin · 0 BE

Arbeitszeit: 30 Minuten
Garzeit: 30–45 Minuten

Den Wirsing putzen, vom Strunk befreien und in reichlich kochendem Salzwasser 5–10 Minuten halbweich garen, bis die äußeren Blätter abgelöst werden können. • Den Wirsing herausnehmen, abtropfen lassen und 6–8 mittelgroße Blätter ablösen. Die dicken Rippen der abgelösten Blätter flach schneiden. • Für die Füllung die Zwiebel schälen und in Würfel schneiden. Das Rinderhack oder Tatar mit den Zwiebelwürfeln, der Petersilie, dem Quark, dem Ei, Salz und Pfeffer gut verkneten. • Jeweils auf 1 großes 2–3 kleinere Wirsingblätter legen und mit Salz, Pfeffer und Kümmel bestreuen. Den Fleischteig halbieren und auf den Wirsingblättern verteilen. Die Blätter seitlich etwas einschlagen, aufrollen und mit Küchengarn umwickeln. • Die Margarine erhitzen und die Wirsingrouladen darin von allen Seiten anbraten. Die Fleisch- oder Knochenbrühe dazugießen und die Rouladen zugedeckt bei schwacher Hitze 20–30 Minuten schmoren lassen. • Mit Kartoffelpüree oder Salzkartoffeln entsprechend der Kohlenhydratverordnung servieren.

Fleisch – mal gebraten, mal gedünstet

Ganz einfach zuzubereiten

Rinderhacksteak

im Bild links

Zutaten für 2 Personen:
1 kleine Zwiebel · 200 g Rinderhackfleisch oder Tatar · 1 bis zur Markierung gefüllter Meßlöffel Becel-Diät-Dotterfrei (Seite 120)
20 ccm handwarmes Wasser
1 Teel. Petersilie, frisch gehackt
2 Eßl. Magerquark (40 g)
Salz · weißer Pfeffer, frisch gemahlen · Paprikapulver
10 g Sonnenblumenöl

Gelingt leicht

Nährstoffgehalt pro Person etwa: 27 g E · 20 g F · 1 g KH
300 kcal/1255 kJ
76 mg Cholesterin · 0 BE

Arbeitszeit: 15 Minuten
Garzeit: 10 Minuten

Die Zwiebel schälen und würfeln. • Das Becel-Diät-Dotterfrei mit dem Wasser verrühren und etwa 5 Minuten stehen lassen. Anschließend noch einmal umrühren. Das Fleisch mit den Zwiebelwürfeln, der Petersilie, dem Quark, dem Dotterfrei, Salz, Pfeffer und Paprikapulver verkneten. Aus der Masse 2 Steaks formen. • Das Öl in einer Pfanne erhitzen und die Steaks von jeder Seite 5–7 Minuten braten, bis sie goldbraun sind. • Mit Salzkartoffeln oder Kartoffelsalat mit Gurke und Tomate (Rezept Seite 78) entsprechend der Kohlenhydratverordnung und Gemüse oder Salat servieren.

Variante: Besonders pikant schmecken die Hacksteaks, wenn Sie 60 g geriebenen Gouda mit der Hackfleischmasse verkneten.

Unser Tip: Hackfleisch ist ein leichtverderbliches Lebensmittel und muß noch am Einkaufstag weiterverarbeitet werden.

Kasseler mit Weinkraut

im Bild rechts

Zutaten für 2 Personen:
1 kleine Zwiebel · 55 g Apfel
300 g Sauerkraut
5 Wacholderbeeren · 1 Lorbeerblatt · eventuell Salz · flüssiger Süßstoff · 2 Kasseler Koteletts zu je 125 g · 125 ccm trockener Weißwein

Nicht für Reduktionskost

Nährstoffgehalt pro Person etwa: 29 g E · 22 g F · 7 g KH
6 g Alkohol · 395 kcal/1655 kJ
88 mg Cholesterin · ¼ BE

Arbeitszeit: 30 Minuten
Garzeit: 1 Stunde und 20 Minuten

Einen Tontopf mit dem Deckel etwa 15 Minuten in kaltes Wasser stellen. • Die Zwiebel schälen und in Ringe schneiden. Den Apfel schälen, vom Kerngehäuse befreien und den Apfel in dünne Scheiben schneiden. • Das Sauerkraut in den Tontopf geben. Die Wacholderbeeren, das Lorbeerblatt, die Zwiebelringe, eventuell wenig Salz und Süßstoff hinzufügen. Die Apfelscheiben darauflegen. • Die Kasselerkoteletts abspülen, mit Küchenkrepp trockentupfen und auf die Apfelscheiben legen. Den Tontopf zudecken und in den kalten Backofen (unten) schieben. Das Sauerkraut und das Kasseler bei 200° in etwa 1 Stunde und 20 Minuten garen. Nach 1 Stunde den Weißwein zugeben und weitere 20 Minuten garen. • Dann mit Kümmelkartoffeln vom Blech (Rezept Seite 79) oder Kartoffelpüree entsprechend der Kohlenhydratverordnung servieren.

Unser Tip: Ißt eine größer Familie mit, verwenden Sie statt Kasseler Kotelett einen Kasseler Braten. Rechnen Sie pro Person dann 125 g Fleisch.

Ochsenbrust mit Bouillonkartoffeln

Braucht etwas Zeit

Zutaten für 2 Personen:
1 l Wasser · Salz · 200 g magere Ochsenbrust · 320 g geschälte Kartoffeln oder entsprechend der Kohlenhydratverordnung mehr oder weniger · 50 g Sellerie · 1 große Möhre (100 g) 1 kleine Stange Lauch schwarzer Pfeffer, frisch gemahlen · ½ Bund Petersilie

Ballaststoffreich

Nährstoffgehalt pro Person etwa: 25 g E · 10 g F · 30 g KH
300 kcal/1340 kJ
120 mg Cholesterin · 2 BE

Vorbereitungszeit: 15 Minuten
Garzeit: 1½ Stunden

Das Wasser mit Salz zum Kochen bringen, das Fleisch hineinlegen und in etwa 60 Minuten bei schwacher Hitze garen. • Die Kartoffeln in Würfel schneiden. Den Sellerie, die Möhre und den Lauch putzen, waschen und ebenfalls in Würfel schneiden. • Das Fleisch aus der Bouillon nehmen und zugedeckt beiseite stellen. Die Kartoffeln und das Gemüse in die Bouillon geben und zugedeckt bei mittlerer Hitze 20–25 Minuten kochen lassen. Die Bouillonkartoffeln mit Salz und Pfeffer abschmecken. • Die Petersilie fein hacken. Das Fleisch aufschneiden und mit den Bouillonkartoffeln auf zwei vorgewärmten Tellern anrichten. Die Petersilie darüber streuen und sofort servieren.
• Dazu paßt Wirsinggemüse (Rezept Seite 83) oder Chinakohl mit Möhren (Rezept Seite 84).

Variante: Für eine Meerrettichcreme vermischen Sie 40 g Magerquark mit 3 Teelöffeln fettarmer Mayonnaise und 1–2 Teelöffeln geriebenem Meerrettich (frisch oder aus dem Glas). Mit Salz und Pfeffer würzen und zur Ochsenbrust servieren.

Feine Lammspezialitäten

Lammfleisch sollte kräftig gewürzt werden

Lammbraten

im Bild links

Zutaten für 2 Personen:
200 g Lammkeule · 1 kleine Zwiebel · 1 Knoblauchzehe
Salz · 10 g Diätmargarine
60 ccm trockener Weißwein
1 Eßl. Zitronensaft · Pfeffer
½ Teel. Rosmarin
100 ccm entfettete Fleisch- oder Knochenbrühe

Braucht etwas Zeit

Nährstoffgehalt pro Person etwa: 19 g E · 22 g F · 3 g KH
295 kcal/1235 kJ
70 mg Cholesterin · 0 BE

Arbeitszeit: 15 Minuten
Garzeit: 50–60 Minuten

Das Fleisch waschen und trockentupfen. Die Zwiebel würfeln. Die Knoblauchzehe kleinschneiden. Mit Salz zu Mus zerdrücken und das Fleisch damit einreiben. • Die Margarine erhitzen, das Fleisch dazugeben und kräftig anbraten. Den Wein und den Zitronensaft dazugießen und im offenen Topf einkochen lassen. Die Zwiebelwürfel dazugeben. Mit Salz und Pfeffer würzen und im geschlossenen Topf bei schwacher Hitze 40–50 Minuten schmoren lassen. Dabei ein- bis zweimal wenden. Das Fleisch herausnehmen, mit dem Rosmarin bestreuen und warm stellen. • Den Bratensatz mit der Brühe loskochen, eventuell mit Pfeffer und Salz würzen. • Dazu passen Kartoffelpüree entsprechend der Kohlenhydratverordnung und grüne Bohnen.

Unser Tip: Würzen Sie Lammfleisch großzügig mit frischen oder getrockneten Kräutern. Wichtig: Lammfleisch sollte immer sehr heiß serviert werden.

Lammgulasch mit Tomaten und Reis

im Bild rechts

Zutaten für 2 Personen:
200 g mageres Lammfleisch
1 kleine Zwiebel · 10 g Diätmargarine · ½ l entfettete Fleisch- oder Knochenbrühe
90 g Langkorn- oder Vollkornreis
200 g Tomaten
Salz · Paprikapulver

Nicht für Reduktionskost

Nährstoffgehalt pro Person etwa: 23 g E · 22 g F · 53 g KH
515 kcal/2155 kJ
70 mg Cholesterin · 3 BE

Arbeitszeit: 15–20 Minuten
Garzeit: 1¾ Stunden

Das Fleisch waschen, trockentupfen und in Stücke schneiden. • Die Zwiebel würfeln. Die Margarine erhitzen, das Fleisch und die Zwiebelwürfel dazugeben und bei starker Hitze kräftig anbraten. Mit der Brühe aufgießen und aufkochen lassen. Das Fleisch zugedeckt bei mittlerer Hitze etwa 40 Minuten schmoren lassen. • Inzwischen den Reis waschen und gut abtropfen lassen. Die Tomaten häuten und in Achtel schneiden. • Den Reis und die Tomatenachtel zum Fleisch geben. Mit Salz und Paprikapulver würzen und alles nochmals etwa 30 Minuten im geschlossenen Topf dämpfen. Mit einem grünen Salat sofort servieren.

Unser Tip: Die Reismenge können Sie entsprechend der Kohlenhydratverordnung variieren. Wenn Sie Vollkornreis verwenden, verlängert sich die Garzeit je nach Sorte.

Hasenpfeffer

Braucht etwas Zeit

Zutaten für 2 Personen:
1 Hasenkeule (etwa 300 g)
1 kleine Stange Lauch · 1 kleine Möhre · 1 kleine Zwiebel
⅛ l Weinessig · ⅛ l trockener Rotwein · ¼ l Wasser
3 schwarze Pfefferkörner
3 Wacholderbeeren · Salz
Pfeffer · 15 g Diätmargarine
2 gestrichene Teel. Mehl
60 ccm heiße entfettete Fleisch- oder Knochenbrühe
1 Eßl. saure Sahne (10% Fett)
25 g Diabetiker-Johannisbeerkonfitüre oder -gelee
1 Eßl. Weinbrand

Nicht für Reduktionskost

Nährstoffgehalt pro Person etwa: 34 g E · 10 g F · 17 g KH 7 g Alkohol · 350 kcal/1470 kJ 99 mg Cholesterin · 1 BE

Arbeitszeit: 20 Minuten
Marinierzeit: 2 Tage
Garzeit: 1 Stunde 10 Minuten

Die Hasenkeule vom Knochen befreien, waschen, mit Küchenkrepp trockentupfen und in 4–6 Stücke zerlegen. • Den Lauch und die Möhre waschen, putzen und in Scheiben schneiden. Die Zwiebel schälen und in Ringe schneiden. • Den Essig, den Wein und das Wasser vermischen. Das Gemüse, die Pfefferkörner und Wacholderbeeren dazugeben. Alles etwa 10 Minuten bei kleiner Hitze sieden lassen. • Die Hasenteile in eine Schüssel geben und mit der heißen Beize übergießen. Abkühlen lassen und zugedeckt an einem kühlen Platz 2 Tage marinieren lassen. • Das Fleisch aus der Beize nehmen, mit Küchenkrepp trockentupfen und mit Salz und Pfeffer einreiben. • Die Margarine in einem Schmortopf erhitzen und die Fleischteile darin ringsum scharf anbraten. Das Mehl darin anschwitzen. Die Fleischbrühe dazugießen und gut umrühren. Mit dem Schaumlöffel die Zutaten aus der Beize herausnehmen und zum Fleisch geben. Das Gericht bei geschlossenem Deckel und schwacher Hitze etwa 1 Stunde schmoren lassen. Zwischendurch immer wieder mit etwas Beizflüssigkeit auffüllen. Am Ende der Garzeit so viel von der Beizflüssigkeit dazugeben, bis die Sauce dickflüssig ist. Die saure Sahne, die Konfitüre oder das Gelee und den Weinbrand hinzufügen und verrühren.
• Dazu passen Salzkartoffeln oder Teigwaren entsprechend der Kohlenhydratverordnung und gedünsteter Rosenkohl (Rezept Seite 84) oder Apfelrotkohl (Rezept Seite 82).

Unser Tip: Für die Beize kann die Flüssigkeitsmenge nicht genau angegeben werden. Es sollte jedoch soviel sein, daß die Fleischstücke völlig mit der Beize bedeckt sind.
Wenn Sie den tpyischen Wildgeschmack besonders gerne mögen, brauchen Sie das Fleisch nicht zu marinieren. Statt mit Beize dann mit Wasser oder Rotwein auffüllen.
Eine Beize können Sie aus Essig, Wein, Sauermilch, Buttermilch oder Zitronensaft und Gewürzen ganz leicht selbst herstellen.

Rehragout mit Champignons

Statt Champignons können Sie auch Mischpilze verwenden

Zutaten für 2 Personen:
250 g Rehschulter ohne Knochen
20 g durchwachsener Speck
1 kleine Zwiebel
½ Knoblauchzehe
2 Teel. Diätmargarine · Salz
schwarzer Pfeffer, frisch gemahlen
100 ccm entfettete Fleisch- oder Knochenbrühe
50 ccm trockener Rotwein
75 g frische Champignons
½ Bund Petersilie
1 Teel. Sojasauce
2 Eßl. saure Sahne (10% Fett)

Etwas teurer

Nährstoffgehalt pro Person etwa: 30 g E · 14 g F · 4 g KH
2 g Alkohol · 285 kcal/1195 kJ
149 mg Cholesterin · 0 BE

Arbeitszeit: 20 Minuten
Garzeit: 55–60 Minuten

Die Rehschulter von Sehnen und Häuten befreien, waschen, mit Küchenkrepp trockentupfen und in Stücke schneiden. • Den Speck in feine Würfel schneiden. Die Zwiebel und die Knoblauchzehe schälen und fein hacken. • Die Margarine in einem Schmortopf erhitzen. Den Speck, die Zwiebel und den Knoblauch darin glasig braten. Das Fleisch dazugeben und rundum kräftig anbraten. Mit Salz und Pfeffer würzen. Die Fleischbrühe und den Wein dazugießen und alles bei schwacher Hitze 40–45 Minuten zugedeckt schmoren lassen. • Die Champignons waschen, wenn nötig putzen und in Scheiben schneiden. Die Petersilie waschen und fein hacken. Die Champignons zum Ragout geben und weitere 10 Minuten bei schwacher Hitze kochen lassen. Mit der Sojasauce würzen. Die saure Sahne verquirlen und die Sauce damit binden. Die Petersilie darüber streuen. • Mit Salzkartoffeln entsprechend der Kohlenhydratverordnung, grünem Salat, Apfelrotkohl (Rezept Seite 82) oder gedünstetem Rosenkohl (Rezept Seite 84) servieren.

Zartes Geflügelfleisch – geschnetzelt oder überbacken

Geflügelfleisch ist fettarm und bekömmlich

Überbackene Putenschnitzel

im Bild links

Zutaten für 2 Personen:
200 g Champignons
30 g Diätmargarine · Salz
2 Putenschnitzel zu je 125 g
10 g Maiskeimöl · Pfeffer
2 Eßl. trockener Sherry · 2 Eßl. frisch geriebener Parmesan (40% Fett i. Tr.)

Nicht für Reduktionskost

Nährstoffgehalt pro Person etwa: 32 g E · 24 g F · 1 g KH
370 kcal/1550 kJ
100 mg Cholesterin · 0 BE

Arbeitszeit: 30 Minuten
Garzeit: 20–25 Minuten

Die Champignons waschen, wenn nötig putzen, trockentupfen und blättrig schneiden. Von der Diätmargarine 10 g erhitzen, die Champignons darin kurz braten und mit Salz würzen. • Die Schnitzel waschen, trockentupfen, mit dem Handballen gleichmäßig flachdrücken. In einer zweiten Pfanne 10 g Diätmargarine und das Öl erhitzen. Die Schnitzel darin bei starker Hitze anbraten und bei schwacher Hitze in etwa 5 Minuten fertig braten. Mit Salz und Pfeffer würzen. • Eine flache Auflaufform mit 5 g Diätmargarine ausstreichen. Die Schnitzel hineinlegen und warm halten. • Den Backofen auf 220 ° vorheizen. Den Bratenfond in der Pfanne mit dem Sherry lösen und mit der restlichen Diätmargarine verrühren. Die Champignons über die Schnitzel verteilen, den Parmesan darüber streuen und den Bratenfond darüber gießen. Die Schnitzel im Backofen (Mitte) überbacken, bis der Käse geschmolzen ist. • Dazu passen Teigwaren oder Reis, entsprechend der Kohlenhydratverordnung, und Kopfsalat.

Hühnerpfanne mit Champignons

im Bild rechts

Zutaten für 2 Personen:
2 Hühnerbrüste zu je 170 g
1 Eßl. trockener Sherry · 1 Eßl. Sojasauce · ½ Knoblauchzehe
2 Stangen Bleichsellerie
100 g Champignons
1 Bund Basilikum · 2 Teel. Sonnenblumenöl · 2 Eßl. gehackte Walnüsse · Gomasio

Schnell • Gelingt leicht

Nährstoffgehalt pro Person etwa: 32 g E · 13 g F · 3 g KH
265 kcal/1110 kJ
72 mg Cholesterin · 0 BE

Arbeitszeit: 20 Minuten
Garzeit: 15 Minuten

Das Fleisch häuten, von den Knochen befreien und in dünne Streifen schneiden. Mit dem Sherry und der Sojasauce übergießen und etwa 20 Minuten ziehen lassen. • Den Knoblauch fein hacken. Den Bleichsellerie in dünne Scheiben schneiden. Die Champignons waschen und blättrig schneiden. Das Basilikum waschen und trockenschwenken. Die Blättchen abzupfen und in Streifen schneiden. • Das Öl erhitzen und den Knoblauch darin glasig braten. Das Fleisch aus der Marinade nehmen, trockentupfen, dazugeben und unter Rühren etwa 2 Minuten braten. Aus der Pfanne nehmen und beiseite stellen. Den Sellerie und die Champignons in das Fett geben und etwa 2 Minuten braten. Die Sherry-Marinade dazugießen und alles bei schwacher Hitze weitere 5 Minuten garen. Das Fleisch darin unter Rühren erhitzen. Das Basilikum und die Nüsse untermischen, mit Gomasio bestreuen. Mit Reis oder Brot entsprechend der Kohlenhydratverordnung und Salat servieren.

Hühnerragout mit Paprika und Schinken

Würzig-scharfes Gericht aus Mexiko

Zutaten für 2 Personen:
½ Bund Suppengrün
1 mittelgroße Zwiebel
2 Gewürznelken · 1 kleines Lorbeerblatt · 1 l Wasser · Salz
200 g Hühnerbrust
je 1 rote und grüne Paprikaschote
20 g roher Schinken
1 Teel. Sonnenblumenöl
1 Meßlöffel Johannisbrotkernmehl (Seite 120)
½ Knoblauchzehe · Chilipulver
weißer Pfeffer, frisch gemahlen
1 Teel. Rosenpaprikapulver
1 Teel. Zitronensaft
2 Eßl. saure Sahne (10% Fett)

Braucht etwas Zeit

Nährstoffgehalt pro Person etwa: 25 g E · 7 g F · 9 g KH 205 kcal/860 kJ · 74 mg Cholesterin · 0 BE

Arbeitszeit: 30 Minuten
Garzeit: 40 Minuten

Das Suppengrün putzen, waschen und grob zerkleinern. Die Hälfte der Zwiebel ungeschält mit den Nelken und dem Lorbeerblatt spicken. Die andere Hälfte schälen, fein hakken und beiseite stellen. Das Wasser mit dem Suppengrün, der gespickten Zwiebel und Salz zum Kochen bringen. Die Hühnerbrust einlegen und in etwa 25 Minuten garen. • Das Fleisch aus der Brühe nehmen, etwas abkühlen lassen, häuten und das Fleisch von den Knochen lösen. • Die Hühnerbrühe durchseien und kühl stellen. • Das Fleisch in Stücke schneiden. • Die Paprikaschoten halbieren, von den Kernen und weißen Rippen befreien, waschen und in Streifen schneiden. Den Schinken in Würfel schneiden. • In einem Bratentopf das Öl erhitzen. Den Schinken und die restliche Zwiebel darin anbraten und die Paprikastreifen hinzugeben. • Die Hühnerbrühe entfetten und ¼ l dazugeben. Etwa 5 Minuten bei schwacher Hitze garen. Das Johannisbrotkernmehl in die kochende Flüssigkeit einrühren. Die Knoblauchzehe schälen und durch die Knoblauchpresse dazupressen. Mit Chilipulver, Pfeffer, Salz, dem Paprikapulver und dem Zitronensaft würzen. Das Hühnerfleisch in die Sauce geben und nochmals erhitzen. Die saure Sahne einrühren und alles bei schwacher Hitze etwa 5 Minuten ziehen lassen, aber nicht mehr kochen. • Dazu passen Salzkartoffeln oder körnig gekochter Reis entsprechend der Kohlenhydratverordnung und Kopfsalat.

Unser Tip: Das Hühnerragout können Sie auch zum Abendessen bei 2200 Kalorien servieren. Als Beilage schmecken 120 g Grau- oder 140 g Vollkornbrot und ein Eissalat mit Sprossen (Rezept Seite 75) ausgezeichnet dazu.

Wenn Sie einen Eßlöffel Maiskörner hinzufügen, sieht das Gericht noch appetitlicher aus. Vielleicht versuchen Sie dieses Gericht einmal, wenn sich kurzfristig Gäste angesagt haben.

Herzhafte Gerichte aus Hähnchenfleisch

Auch für Gäste geeignet

Hähnchenkeulen mit indischer Sauce

im Bild links

Zutaten für 2 Personen:
2 frische oder tiefgefrorene
Hähnchenkeulen (je etwa 150 g)
weißer Pfeffer, frisch gemahlen
Salz · 10 g Maiskeimöl
⅛ l heißes Wasser
100 g Dunstfruchtcocktail
50 g Zwiebel · 10 g Diät-
margarine · 50 g Apfelmark
125 ccm entfettete Fleisch-
oder Knochenbrühe
1 Eßl. trockener Weißwein
Currypulver · flüssiger Süßstoff
1 Teel. Kokosraspel

Gelingt leicht

Nährstoffgehalt pro Person
etwa: 24 g E · 15 g F · 12 g KH
285 kcal/1195 kJ
110 mg Cholesterin · ¾ BE

Arbeitszeit: 20 Minuten
Garzeit: 35 Minuten

Die Hähnchenkeulen waschen, mit Küchenkrepp abtrocknen und mit Pfeffer und Salz würzen. Tiefgefrorenes Fleisch vorher auftauen. Das Öl erhitzen und die Hähnchenkeulen darin ringsum anbraten. Mit Wasser auffüllen. Den Deckel auflegen und bei schwacher Hitze in etwa 20 Minuten garen. • Das Obst abtropfen lassen und kleinschneiden. Die Zwiebel würfeln. • Die Margarine erhitzen und die Zwiebel darin glasig braten. Das Apfelmark und das Obst unterrühren und 2–3 Minuten schmoren lassen. Die Brühe und den Wein dazugießen und alles etwa 5 Minuten kochen lassen. Mit Salz, Currypulver und etwas Süßstoff abschmecken. Die Kokosraspel unter die Sauce rühren. • Mit körnig gekochtem Vollkorn- und Wildreis oder Stangenweißbrot entsprechend der Kohlenhydratverordnung und Kopfsalat oder Tomatensalat servieren.

Huhn Marengo

im Bild rechts

Zutaten für 2 Personen:
200 g Hähnchenbrust oder
-keule
1 Eßl. Maiskeimöl
1 Fleischtomate
½ Knoblauchzehe
2–3 Zwiebeln
50 g Champignons
100 ccm Wasser
50 ccm trockener Weißwein
2 Teel. Tomatenmark
⅛ l entfettete Fleisch- oder
Knochenbrühe · Salz · Pfeffer
½ Teel. Kräuter (Basilikum,
Rosmarin, Salbei, Thymian),
frisch gehackt
50 g Scampi (tiefgefroren)

Etwas teurer

Nährstoffgehalt pro Person
etwa: 30 g E · 10 g F · 7 g KH
245 kcal/1025 kJ
110 mg Cholesterin · 0 BE

Arbeitszeit: 10 Minuten
Garzeit: 45 Minuten

Die Hähnchenbrust oder Hähnchenkeulen waschen und trockentupfen. Das Öl erhitzen. Das Fleisch darin in etwa 25 Minuten rundherum anbraten. • Inzwischen die Tomate häuten und kleinschneiden. Die Knoblauchzehe zerreiben. Die Zwiebeln schälen. Die Champignons waschen, wenn nötig putzen und halbieren. Das Fleisch herausnehmen. • Den Bratensatz mit dem Wasser und dem Wein ablöschen und kurz aufkochen lassen. Die Tomate, das Tomatenmark, den Knoblauch, die Zwiebeln und die Champignons dazugeben. Mit Salz, Pfeffer und den Kräutern würzen und verrühren. Das Fleisch dazugeben und noch etwa 20 Minuten schmoren lassen. Auf Tellern anrichten und mit den Scampi garnieren.
• Dazu passen Ratatouille (Rezept Seite 85) und grüner Salat.

Hähnchenbrustfilet mit Thymian und Apfel

Thymian und Knoblauch bestimmen den Geschmack

Zutaten für 2 Personen:
2 Hühnerbrustfilets zu je 125 g
2 Knoblauchzehen · Saft von
1 Zitrone · 2 Eßl. Maiskeimöl
½ Teel. Thymian, frisch oder
getrocknet · Salz
weißer Pfeffer, frisch gemahlen
20 g Diätmargarine · 100 ccm
entfettete Hühnerbrühe
1 säuerlicher Apfel (110 g)
50 ccm trockener Weißwein
abgeriebene Schale von
¼ unbehandelten Zitrone
1 Eßl. saure Sahne (10% Fett)
flüssiger Süßstoff

Nicht für Reduktionskost

Nährstoffgehalt pro Person etwa: 29 g E · 20 g F · 9 g KH 2 g Alkohol · 355 kcal/1490 kJ 77 mg Cholesterin · ½ BE

Arbeitszeit: 10 Minuten
Marinierzeit: 4–6 Stunden
Garzeit: 50 Minuten

Die Hühnerbrustfilets waschen und mit Küchenkrepp trockentupfen. • Die Knoblauchzehen schälen, durch die Knoblauchpresse drücken und mit dem Zitronensaft, dem Öl und dem Thymian verrühren. Die Marinade über das Fleisch gießen. Das Fleisch zugedeckt 4–6 Stunden darin liegen lassen und zwischendurch wenden. • Die Filets herausnehmen, mit Küchenkrepp gründlich trockentupfen und mit Salz und Pfeffer einreiben. Die Hälfte (10 g) der Margarine in einem Schmortopf erhitzen und die Hähnchenbrustfilets darin rundherum anbraten, bis sie knusprig und braun sind. Etwa 2 Eßlöffel von der Hühnerbrühe dazugießen und das Fleisch bei schwacher Hitze etwa 30 Minuten schmoren lassen. Die Filets herausnehmen und auf einer vorgewärmten Platte warm stellen. • Den Apfel schälen, vom Kerngehäuse befreien und den Apfel in etwa 1 cm dicke Scheiben schneiden. Die restliche Margarine in einer Pfanne erhitzen und die Apfelscheiben von beiden Seiten darin anbraten, bis sie goldgelb sind. Die Hähnchenbrustfilets mit den Apfelscheiben belegen. • Den Bratfond mit der restlichen Hühnerbrühe und dem Weißwein loskochen und durch ein Sieb gießen. Noch einmal aufkochen lassen, von der Herdplatte nehmen, die Zitronenschale und die saure Sahne hinzufügen. Mit Salz, Pfeffer sowie 1 Spritzer Süßstoff würzen. Die Sauce um die Brustfilets gießen. • Mit Stangenweißbrot oder Salzkartoffeln entsprechend der Kohlenhydratverordnung und grünem Salat servieren.

Unser Tip: Statt Thymian können Sie für die Marinade auch Basilikum verwenden. Am besten schmeckt das Gericht mit frischen Kräutern. Für die Marinade 1 Knoblauchzehe schälen und durch die Knoblauchpresse drücken. Die Hühnerbrustfilets mit dem Knoblauch, 1 Teelöffel getrocknetem Basilikum, Salz, weißem Pfeffer und 1 Eßlöffel Öl bestreichen. Das Fleisch wie oben beschrieben anbraten. Für die Sauce den Bratfond mit der restlichen Brühe loskochen. Eventuell mit etwas Johannisbrotkernmehl andicken. Die Sauce mit 1 Eßlöffel saurer Sahne verfeinern. Mit Salz und Pfeffer würzen und die Sauce um das Fleisch gießen. So zubereitet fällt der Apfel weg. Deshalb hat das Gericht 0 BE.

Seefisch – in Folie oder im Tontopf zubereitet

Seefisch ist eine wichtige Jodquelle

Schellfischfilet mit Tomaten und Zucchini

im Bild links

Zutaten für 2 Personen:
300 g Schellfischfilet
Saft von ½ Zitrone · Salz
Zwiebelpulver · 100 g Tomaten
100 g Zucchini · 110 g Apfel
1 Gewürzgurke · 1 Speck- oder Schinkenschwarte · ½ Eßl. Kapern · 50 ccm entfettete Knochen- oder Fleischbrühe
10 g Diätmargarine · 20 g Käse, frisch gerieben (30% Fett i. Tr.)
1 Teel. Petersilie, frisch gehackt

Preiswert

Nährstoffgehalt pro Person etwa: 31 g E · 6 g F · 10 g KH
220 kcal/920 kJ · 90 mg Cholesterin · ½ BE

Arbeitszeit: 30 Minuten
Garzeit: 45–50 Minuten

Einen Tontopf mit Deckel etwa 15 Minuten in kaltes Wasser stellen. • Das Fischfilet kalt abspülen und trockentupfen. Mit dem Zitronensaft beträufeln und mit Salz und Zwiebelpulver einreiben. • Die Tomaten häuten und in Scheiben schneiden. Die Zucchini in Stücke schneiden. Den Apfel schälen, vom Kernhaus befreien und in Spalten schneiden. Die Gurke würfeln. • Die Speck- oder Schinkenschwarte auf den Boden des Tontopfes legen. Das Fischfilet, die Tomatenscheiben, die Zucchinistücke, die Apfelspalten und die Gurkenwürfel daraufgeben. Die Kapern darüber streuen. Die Brühe darüber gießen. Die Margarine in Flöckchen darauf setzen. Mit dem Käse bestreuen. Den Tontopf schließen und in den kalten Backofen (unten) schieben. In 45–50 Minuten bei 200 ° garen. • Mit der Petersilie bestreut und Salzkartoffeln entsprechend der Kohlenhydratverordnung und grünem Salat servieren.

Kabeljaufilet auf Gemüse

im Bild rechts

Zutaten für 2 Personen:
100 g Möhren · 1 kleine Stange Lauch · 100 g Knollensellerie
20 g Diätmargarine · 300 g Kabeljaufilet · Zitronensaft
2 kleine Tomaten · Salz
3 Teel. Dill, frisch gehackt

Ballaststoffreich

Nährstoffgehalt pro Person etwa: 29 g E · 9 g F · 7 g KH
230 kcal/960 kJ · 45 mg Cholesterin · 0 BE

Arbeitszeit: 30 Minuten
Garzeit: 25 Minuten

Die Möhren würfeln. Die Lauchstange halbieren, waschen und in Streifen schneiden. Den Sellerie würfeln. • Von der Margarine 5 g erhitzen, die Möhren, den Lauch und den Sellerie dazugeben und in wenig Wasser dünsten. • Das Kabeljaufilet waschen, mit Küchenkrepp trockentupfen, mit Zitronensaft beträufeln und etwa 15 Minuten stehenlassen. Die Tomaten häuten und in Scheiben schneiden. Das Fischfilet mit Salz einreiben. • Den Backofen auf 200 ° vorheizen. • Das Gemüse in einen Bratschlauch geben, das Fischfilet darauf legen. Die Tomatenscheiben darauf legen. Die restliche Margarine in Flöckchen darauf verteilen und mit 2 Teelöffeln Dill bestreuen. • Die Folie verschließen. Mit einer Gabel mehrmals in die Folie stechen. Den Beutel auf den kalten Rost in den Backofen (Mitte) schieben. Den Fisch in etwa 20 Minuten garen. • Das Gericht aus der Folie nehmen. Den Fischsud darüber gießen und mit dem restlichen Dill bestreuen. • Mit gemischtem Salat und Reis oder Kartoffeln entsprechend der Kohlenhydratverordnung servieren.

Forelle blau

Ein klassisches Rezept

Zutaten für 2 Personen:
2 küchenfertige Forellen zu je
etwa 250 g · 125 ccm Essig
2 l Wasser · 2–3 Nelken · Salz
15 Pfefferkörner · 2 Zweige
Petersilie · 1 kleine Stange
Lauch · 1 große Möhre
1 Schalotte · 20 g Butter
2 Zitronenspalten

Etwas teurer

Nährstoffgehalt pro Person
etwa: 31 g E · 12 g F · 0 g KH
240 kcal/1005 kJ
82 mg Cholesterin · 0 BE

Arbeitszeit: 30 Minuten
Garzeit: 30–35 Minuten

Die Forellen unter fließendem kaltem Wasser von innen und außen abspülen und in eine tiefe Schüssel legen. Die Fische dürfen sich nicht berühren. • Den Essig erhitzen und über die Fische gießen. Dann erkalten lassen. • Inzwischen für den Fischsud das Wasser, die Nelken, das Salz und die Pfefferkörner in einen Fischtopf mit Einsatz geben. • Die Petersilie waschen. Davon 2 Sträußchen zum Garnieren beiseite stellen. Den Lauch waschen und in Streifen schneiden. Die Möhre waschen, schälen und kleinschneiden. Die Schalotte waschen und ebenfalls kleinschneiden. Alles in den Topf mit dem Wasser geben und etwa 20 Minuten sprudelnd kochen lassen. • Die Forellen auf den Einsatz legen und mit dem Essig dazugeben. Bei schwacher Hitze 10–15 Minuten ziehen lassen. Das Wasser darf nicht mehr kochen! Die Fische vorsichtig aus dem Sud nehmen und abtropfen lassen. • Die Butter erhitzen. Die Forellen mit den Zitronenspalten und den Petersiliensträußchen garnieren. Mit der heißen Butter servieren. • Dazu passen Salzkartoffeln entsprechend der Kohlenhydratverordnung und Blattspinat oder Kopfsalat.

Unser Tip: Bei einem erhöhten Cholesterinspiegel können sie statt Butter auch Diätmargarine verwenden.

Gebratenes Rotbarschfilet mit Remoulade

Schmeckt auch mit Seelachsfilet

Zutaten für 2 Personen:	
300 g Rotbarschfilet	
Saft von ½ Zitrone · Salz	
weißer Pfeffer, frisch gemahlen	
20 g Diätmargarine	
2 Zitronenschnitze · Petersilie	

Gelingt leicht

Nährstoffgehalt pro Person etwa: 27 g E · 13 g F · 1 g KH 235 kcal/985 kJ · 57 mg Cholesterin · 0 BE

Arbeitszeit: 30 Minuten
Garzeit: 5–7 Minuten

Das Rotbarschfilet unter fließendem Wasser abspülen und mit Küchenkrepp trockentupfen. Die Filets mit dem Zitronensaft beträufeln. Mit Salz und Pfeffer würzen. • Die Remouladensauce nach dem Rezept auf Seite 70 zubereiten. • Die Diätmargarine in einer Pfanne erhitzen. Die Filets darin in 5–7 Minuten von beiden Seiten braten, bis sie goldgelb sind. Den Fisch auf eine vorgewärmte Platte legen, mit dem Fett aus der Pfanne beträufeln. Mit den Zitronenschnitzen und Petersilie garnieren. Mit einer Remoulade servieren. • Dazu passen Kartoffelsalat mit Gurke und Tomate (Rezept Seite 78) entsprechend der Kohlenhydratverordnung und Blatt- oder Tomatensalat.

Unser Tip: Der Fisch bekommt eine besonders schöne Kruste, wenn Sie etwas Salz ins Bratfett streuen.
Kurz bevor Sie den Fisch braten, sollten Sie die Remoulade zubereiten. Am besten schmeckt frischer Fisch.

Heringstopf

Mit Pellkartoffeln eine wohlschmeckende Mahlzeit

Zutaten für 2 Personen:	
200 g Heringsfilets (etwa 2 Stück) · 4 Eßl. Joghurt (1,5% Fett) · 4 Eßl. saure Sahne (10% Fett) · 1 Lorbeerblatt	
weißer Pfeffer, frisch gemahlen	
flüssiger Süßstoff · 1 kleine Zwiebel · 2 mittelgroße Gewürzgurken (100 g)	
2 Teel. frisch gehackter Dill	

Gelingt leicht

Nährstoffgehalt pro Person etwa: 20 g E · 17 g F · 4 g KH
255 kcal/1070 kJ
70 mg Cholesterin · 0 BE

Arbeitszeit: 20 Minuten
Marinierzeit: 1 Stunde

Die Heringsfilets je nach Größe 3- bis 4mal durchschneiden und in eine Schüssel legen. • Den Joghurt und die saure Sahne glattrühren. Das Lorbeerblatt hinzufügen und mit etwas weißem Pfeffer und einigen Spritzern Süßstoff abschmecken. • Die Zwiebel schälen und in feine Ringe schneiden. Die Gewürzgurken in feine Scheiben schneiden. Die Zwiebelringe und die Gurkenscheiben über die Heringe verteilen, und die Joghurtsauce darübergießen. • Den Heringstopf abgedeckt kühl stellen und mindestens 1 Stunde durchziehen lassen. Den Dill darüber streuen und servieren.

Unser Tip: Achten Sie beim Kauf der Heringsfilets darauf, ob sie vor dem Zubereiten gewässert werden müssen. Erkundigen Sie sich auch, wie lange die Filets gewässert werden müssen.
Wenn Sie Pellkartoffeln dazu servieren, nehmen Sie nur die Menge, die der Kohlenhydratverordnung entspricht.

Fischsülze mit Gemüse

Läßt sich gut vorbereiten

Zutaten für 2 Personen:
Je 1 kleines Stück Knollensellerie, Möhre und Petersilienwurzel · Essig · Salz
1 Pimentkorn · 1 Lorbeerblatt
150 g Kabeljaufilet
4½ Blatt Gelatine (9 g)
100 g Möhren · 60 g tiefgefrorene, feine grüne Erbsen
100 g tiefgefrorener Spargel
300 ccm Fischsud · flüssiger Süßstoff · einige Dillzweige

Braucht etwas Zeit

Nährstoffgehalt pro Person etwa: 18 g E · 0 g F · 4 g KH
100 kcal/400 kJ · 40 mg Cholesterin · ¼ BE

Arbeitszeit: 35 Minuten
Garzeit: 35 Minuten
Gelierzeit: 2–3 Stunden

Den Sellerie, die Möhre und die Petersilienwurzel putzen und waschen. • Das Gemüse mit Wasser, Essig, Salz, dem Pimentkorn und dem Lorbeerblatt aufkochen und etwa 10 Minuten kochen lassen. • Das Fischfilet waschen, in den Sud legen und 10 Minuten bei schwacher Hitze ziehen lassen. Dann herausnehmen und abkühlen lassen. • Die Gelatine in kaltem Wasser etwa 4 Minuten einweichen. Die Möhren schälen, in feine Streifen schneiden und mit den Erbsen in sehr wenig Salzwasser 5–6 Minuten dünsten. Den Spargel in Salzwasser 10–15 Minuten kochen. • Den Fisch grob zerpflücken, mit den Möhrenstreifen, dem Spargel und Erbsen mischen. Eine flache Schale kalt ausspülen und alle Zutaten einfüllen. • Den Fischsud mit Salz, Essig und Süßstoff pikant abschmekken. • Die Gelatine ausdrücken und in dem warmen Fischsud auflösen. Den Fisch und das Gemüse mit Dillzweigen verzieren. Den Fischsud darüber gießen und 2–3 Stunden kalt stellen. • Mit Remoulade (Rezept Seite 70) und getoastetem Graubrot, entsprechend der Kohlenhydratverordnung servieren.

Zartes Fischfilet mit Gemüse

Am besten schmeckt's mit frischem Gemüse

Seelachsfilet mit Erbsen und Möhren

im Bild links

Zutaten für 2 Personen:
300 g Seelachsfilet · 2 Eßl. Zitronensaft · 1 Möhre (100 g)
120 g frische oder tiefgefrorene Erbsen · 1 kleine Stange Lauch (100 g) · 100 g Blumenkohl
50 g Zwiebel · 20 g Sonnenblumenöl (2 Eßl.)
150 ccm entfettete Brühe · Salz
weißer Pfeffer, frisch gemahlen
je 1 Eßl. Dill und Petersilie, frisch gehackt

Ballaststoffreich

Nährstoffgehalt pro Person etwa: 41 g E · 12 g F · 13 g KH
290 kcal/1220 kJ
50 mg Cholesterin · ½ BE

Arbeitszeit: 15 Minuten
Garzeit: 20 Minuten

Das Seelachsfilet waschen, trockentupfen und mit dem Zitronensaft beträufeln. • Die Möhre schälen und in feine Scheiben schneiden. Die Erbsen entschalen und waschen. Den Lauch putzen, gründlich waschen und in feine Ringe schneiden. Den Blumenkohl putzen, waschen und in Röschen teilen. Die Zwiebel schälen und grob würfeln. • Das Seelachsfilet trockentupfen und in große Würfel schneiden. • Inzwischen das Öl in einem Topf erhitzen und die Zwiebelwürfel darin glasig braten. Das Gemüse dazugeben und bei schwacher Hitze etwa 5 Minuten schmoren lassen. Die Brühe aufgießen, mit Salz und Pfeffer würzen. Die Fischwürfel dazugeben und alles etwa 15 Minuten bei schwacher Hitze kochen lassen. Mit dem Dill und der Petersilie bestreuen. • Mit Salzkartoffeln oder Vollkornreis entsprechend der Kohlenhydratverordnung servieren.

Kabeljaufilet mit Spinat

im Bild rechts

Zutaten für 2 Personen:
2 Kabeljaufilets von je 150 g
2 Eßl. Zitronensaft
300 g tiefgefrorener Spinat
1 kleine Zwiebel
20 g Diätmargarine
100 ccm Wasser · Salz
weißer Pfeffer, frisch gemahlen
Muskatnuß, frisch gerieben
100 g Tomaten · 10 g Käse, frisch gerieben (30% Fett i. Tr.; 1 Eßl.)

Ballaststoffreich

Nährstoffgehalt pro Person etwa: 37 g E · 10 g F · 3 g KH
230 kcal/925 kJ · 77 mg Cholesterin · 0 BE

Arbeitszeit: 30 Minuten
Garzeit: 30 Minuten

Die Kabeljaufilets waschen, trockentupfen und mit dem Zitronensaft beträufeln. Den Spinat auftauen lassen. • Die Zwiebel schälen und würfeln. Die Hälfte der Diätmargarine in einem Topf erhitzen und die Zwiebelwürfel darin dünsten. Den Spinat und das Wasser dazugeben und kurz aufkochen lassen. Mit Salz, Pfeffer und Muskat würzen. • Den Backofen auf 200° vorheizen. • Die Tomaten häuten und in Scheiben schneiden. • Den Spinat in eine feuerfeste Form geben, die Tomaten und die Fischfiletscheiben schuppenartig darauf verteilen. Mit wenig Salz würzen. Die restliche Diätmargarine in Flöckchen auf dem Fisch verteilen. Die Form mit Alufolie abdecken und im Backofen (Mitte) in etwa 25 Minuten garen. Die Folie entfernen, das Gericht mit dem Käse bestreuen und noch weitere 5 Minuten überbacken. • Mit Vollkornreis oder Kartoffelbrei entsprechend der Kohlenhydratverordnung servieren.

Seefisch im Sud oder Kräutersauce

Zart und sehr bekömmlich

Seezungenröllchen in Kräutersauce

im Bild links

Zutaten für 2 Personen:
- 4 Seezungenfilets oder Schollenfilets (300 g)
- 2 Eßl. Zitronensaft · Salz
- 1 Fenchelknolle (200 g)
- 20 g Butter · 100 ccm trockener Weißwein · 100 ccm Wasser
- je 1 Eßl. Dill, Zitronenmelisse, Petersilie und Kerbel, frisch gehackt
- 1 Eßl. Sahne (30% Fett)
- weißer Pfeffer, frisch gemahlen
- Zahnstocher

Etwas teurer

Nährstoffgehalt pro Person etwa: 29 g E · 13 g F · 6 g KH
300 kcal/1260 kJ
122 mg Cholesterin · 0 BE

Arbeitszeit: 15 Minuten
Garzeit: 25 Minuten

Den Fisch waschen, trockentupfen, mit dem Zitronensaft beträufeln und mit Salz würzen. • Den Fenchel putzen, waschen, vierteln, den Strunk keilförmig herausschneiden und den Fenchel in Streifen schneiden. Die Hälfte der Butter erhitzen und den Fenchel etwa 3 Minuten darin dünsten. Den Wein und das Wasser dazugießen und etwa 10 Minuten bei schwacher Hitze kochen lassen. • Drei Viertel der Kräuter auf dem Fisch verteilen und die restliche Butter als Flöckchen in die Mitte setzen. Die Filets aufrollen, mit Zahnstochern zusammenstecken und in den Sud setzen. Bei schwacher Hitze etwa 10 Minuten ziehen lassen. • Die Sauce mit der Sahne, Pfeffer und den restlichen Kräutern abschmecken. Über die Fischröllchen geben und sofort servieren. • Dazu paßt Kopfsalat, Reis oder Salzkartoffeln, entsprechend der Kohlenhydratverordnung.

Heilbutt in Weinsud

im Bild rechts

Zutaten für 2 Personen:
- 2 Heilbuttschnitten von je 200 g
- 2 Eßl. Zitronensaft · ¼ Teel. Salz
- 1 Möhre (100 g) · 50 g Petersilienwurzel · 100 g Knollensellerie · ½ Lorbeerblatt
- ¼ l trockener Weißwein
- weißer Pfeffer, frisch gemahlen
- 50 g Crème fraîche (40% Fett)
- einige Basilikumblätter

Nicht für Reduktionskost

Nährstoffgehalt pro Person etwa: 43 g E · 15 g F · 6 g KH
430 kcal/805 kJ
126 mg Cholesterin · 0 BE

Arbeitszeit: 15 Minuten
Garzeit: 20 Minuten

Die Heilbuttschnitten waschen, trockentupfen, mit dem Zitronensaft beträufeln und mit dem Salz würzen. • Die Möhre, die Petersilienwurzel und den Sellerie putzen, waschen und in sehr feine Streifen schneiden. Das Gemüse mit dem Lorbeerblatt und dem Weißwein in einen Topf geben und etwa 5 Minuten kochen lassen. Die Heilbuttschnitten in den Sud geben und etwa 10 Minuten ziehen lassen; danach auf eine vorgewärmte Platte legen. • Das Lorbeerblatt aus dem Sud nehmen. Den Fischsud etwas einkochen lassen und mit weißem Pfeffer würzen. Die Crème fraîche in die Sauce rühren. Den Sud über den Fisch gießen und mit den Basilikumblättern garnieren. • Mit Blattsalat und Petersilienkartoffeln entsprechend der Kohlenhydratverordnung servieren.

Feines Gemüse, frische Salate und raffinierte Beilagen

Gemüse darf bei keiner Hauptmahlzeit fehlen, denn es bietet viele Vorteile. Es ist energiearm und reich an Vitaminen, Mineralstoffen und Ballaststoffen. Die meisten Gemüsesorten enthalten so wenig Kohlenhydrate, daß sie ohne Anrechnung gegessen werden können (siehe Kohlenhydrat-Austauschtabelle Seite 112).
Die Ballaststoffe im Gemüse sorgen für ein lang anhaltendes Sättigungsgefühl und regen die Darmtätigkeit an.
Wichtig: Gemüse sollte nicht nur Beilage, sondern immer Hauptbestandteil einer Mahlzeit sein.

Entscheidend für den Kaloriengehalt eines Gemüsegerichtes sind die Zubereitungsart und die Garzeit.
Vitaminhaltige Nahrungsmittel müssen sorgfältig behandelt werden. Achten Sie schon beim Einkauf darauf, daß das Gemüse frisch ist. Es sollte in der Küche nicht zu lange liegen, sondern schnell und schonend zubereitet werden.
Tiefgefrorenes Gemüse hat den gleichen Nährwert wie frisches. Man spart außerdem Zeit und es eignet sich ausgezeichnet zur Vorratshaltung. Gehen Sie sparsam mit Salz um, dafür großzügiger mit frischen Kräutern und Gewürzen. Wie Sie Gemüse, Salate und Kartoffeln raffiniert zubereiten können, zeigen wir Ihnen in diesem Kapitel. Ein Beispiel dafür ist der hier abgebildete »Griechische Bauernsalat (Rezept Seite 73).

Wie frische Salate gut schmecken

Frische Kräuter und feine Dressings sorgen für das besondere Aroma

Fast alle Gemüse- und Salatsorten sind kalorienarm, enthalten wenig Kohlenhydrate, dafür viele Vitamine, Mineral- und Ballaststoffe. Zu jeder Jahreszeit können Sie aus einem reichhaltigen Angebot Gemüse und Salat auswählen. Kaufen Sie Gemüse, das gerade Saison hat, und bereiten Sie es erst kurz bevor Sie es essen möchten zu. Was Sie alles für einen wohlschmeckenden Salat brauchen, erfahren Sie auf dieser Seite.

• Petersilie paßt zu fast allen Salaten. Wenn Sie feine Kräutermischungen mögen, probieren Sie einmal die Mischung aus Borretsch, Dill, Schnittlauch und Zitronenmelisse aus oder mischen Sie Dill mit Schnittlauch. Tomaten- oder Kopfsalat bekommt eine besondere Geschmacksnote, wenn er nur mit frischer Kresse zubereitet wird.

• Je feiner frische Kräuter gehackt werden, desto besser entfalten sie ihr Aroma. Nur Schnittlauch wird immer mit dem Messer oder der Küchenschere feingeschnitten. Eine gute Alternative sind tiefgefrorene Kräuter. Sie werden häufig schon als Kräutermischung im Handel angeboten.

• Getrocknete Kräuter sollten Sie, wenn überhaupt, sparsamer verwenden: sie entfalten erst in der Sauce ihr Aroma. Im Winter sind sie ein guter Ersatz für frische Kräuter und natürlich auch weitaus billiger.

• Auch feingehackte Zwiebelwürfel geben Salatsaucen ein würziges Aroma.

• Frischgepreßter Zitronensaft oder Essig ist eine wichtige Grundlage für Salatsaucen. Je nach Geschmack können Sie zwischen Rotwein-, Weißwein-, Kräuter- oder Obstessig wählen. Besonders mild ist der Obstessig. Er kann am besten als Ersatz für Zitronensaft gelten. Für pikant abgeschmeckte Salatsaucen empfehlen wir Essig statt Zitronensaft.

• Knoblauch gibt dem Salat eine besondere Note. Es genügt bereits ein Hauch davon. Reiben Sie die Salatschüssel oder das Salatbesteck mit einer Knoblauchzehe aus.

• Blattsalate sollten immer so frisch wie möglich sein. Das erreichen Sie, wenn Sie den Salat erst kurz vor dem Servieren putzen, gründlich waschen (nicht unnötig im Wasser liegen lassen, sonst gehen Vitamine und Mineralstoffe verloren) und in einem Sieb gut abtropfen lassen. So vermeiden Sie, daß Vitamine und Mineralstoffe verloren gehen. Salate, die aus gekochtem Gemüse zubereitet werden, sollten mindestens 1 Stunde und länger durchziehen.

Welche Salate und Salatsaucen zusammen harmonieren, erfahren Sie bei den Rezepten für Salatsaucen. Am Ende der Rezepte nennen wir Ihnen einige Beispiele.

Dressings, die schmecken

Wählen Sie Ihre Lieblingssauce aus

Joghurtsauce mit Kräutern

im Bild vorne links

Zutaten für 2 Personen:
60 g Joghurt (1,5% Fett; 3 Eßl.)
½ Teel. frisch gepreßter Zitronensaft oder Essig
1 Teel. Kräuter, frisch gehackt (beispielsweise Schnittlauch, Petersilie, Dill) · 1 Teel. Zwiebel, feingehackt · Salz · Pfeffer

Gelingt leicht

Nährstoffgehalt pro Person etwa: 1 g E · 0 g F · 2 g KH
20 kcal/80 kJ · 2 mg Cholesterin
0 BE

Arbeitszeit: 10 Minuten

Den Joghurt, den Zitronensaft oder Essig, die Kräuter, die Zwiebel, Salz und Pfeffer verrühren. • Paßt zu Bleichsellerie, Blumenkohl, Broccoli, Chinakohl, Eis-, Eichblatt-, Endivien-, Frisée- und Kopfsalat, Lollo-Rosso, Gurke sowie Radicchio.

Joghurtsauce süß-sauer

im Bild hinten links

Zutaten für 2 Personen:
60 g Joghurt (1,5% Fett; 3 Eßl.)
je 1 Teel. frisch gepreßter Zitronen- und Orangensaft
flüssiger Süßstoff · 1 Prise Salz

Preiswert

Nährstoffgehalt pro Person etwa: 1 g E · 0 g F · 2 g KH
20 kcal/80 kJ · 2 mg Cholesterin
0 BE

Arbeitszeit: 5 Minuten

Den Joghurt mit dem Zitronen-, dem Orangensaft, Süßstoff und dem Salz verrühren. • Paßt gut zu Chicorée, Chinakohl, Möhren, Radicchio, Sellerie, Eis-, Endivien- und Kopfsalat.

Salatsauce mit Dickmilch

im Bild vorne rechts

Zutaten für 2 Personen:
80 g Dickmilch (4 Eßl.) · 2 Teel. frisch gepreßter Zitronensaft
flüssiger Süßstoff · 1 Prise Salz

Gelingt leicht

Nährstoffgehalt pro Person etwa: 2 g E · 1 g F · 3 g KH
20 kcal/80 kJ · 3 mg Cholesterin
0 BE

Arbeitszeit: 5 Minuten

Die Dickmilch mit dem Zitronensaft, dem Süßstoff und dem Salz verrühren. • Paßt zu Broccoli, Chicorée, Chinakohl, Lollo-Rosso, Möhren, Radicchio, Sellerie, Eichblatt-, Eis-, Endivien-, Frisée- und Kopfsalat.

Kräutermarinade

im Bild hinten rechts

Zutaten für 2 Personen:
3–4 Eßl. Wasser · 1 Teel. Maiskeimöl · etwas Senf · 2 Teel. frisch gepreßter Zitronensaft
2 Teel. Kräuter · Salz · Pfeffer

Schnell

Nährstoffgehalt pro Person etwa: 0 g E · 3 g F · 0 g KH
30 kcal/120 kJ · kein Cholesterin · 0 BE

Zubereitungszeit: 5 Minuten

Das Wasser, das Öl, Senf, den Zitronensaft, die Kräuter, Salz und Pfeffer verrühren. • Paßt zu Brechbohnen, Chicorée, Chinakohl, Gurke, Kohlrabi, Paprika, Radicchio, Radieschen, Rettich, Rotkohl, Sauerkraut, Sellerie, Tomaten, Wachsbohnen, Weißkohl, Endivien-, Feld- und Kopfsalat.

Berühmte Salatsaucen

Es muß nicht immer nur Essig und Öl sein

Remoulade

im Bild hinten links

Zutaten für 2 Personen:
50 g Magerquark
1 Eßl. saure Sahne (10% Fett)
1 Eßl. Joghurt (1,5% Fett)
1–2 Teel. Essig · ½ Teel. Senf
1 Messerspitze Sardellenpaste
1 Teel. Zwiebel, feingehackt
1 Teel. Gewürzgurke, feingehackt · 1 Teel. Kräuter, frisch gehackt (beispielsweise Schnittlauch, Petersilie)
½ Teel. frisch gepreßter Zitronensaft · Salz · Pfeffer · 1 Spritzer Süßstoff

Braucht etwas Zeit

Nährstoffgehalt pro Person etwa: 5 g E · 1 g F · 2 g KH
40 kcal/155 kJ · 2 mg Cholesterin · 0 BE

Arbeitszeit: 10 Minuten

Den Quark, die saure Sahne und den Joghurt verrühren. Den Essig, den Senf, die Sardellenpaste, die Zwiebel, die Gurke und die Kräuter dazugeben und verrühren. Mit dem Zitronensaft, Salz, Pfeffer und dem Süßstoff würzen. • Paßt zu Broccoli, Kartoffel-, Nudel- und Reissalat, kaltem Braten, Sülze, Roastbeef und gebackenem Fisch.

Variante: Für eine Sauce Tatar noch 1 Teelöffel gehackte Kräuter und ½ hartgekochtes, in Würfel geschnittenes Ei hinzufügen. Schmeckt besonders gut zu kaltem Braten, Sülze und Broccoli.

Sauce Vinaigrette

im Bild vorne

Zutaten für 2 Personen:
2 Eßl. Wasser · 1 Teel. Essig
½ Teel. Sonnenblumenöl
1 Teel. Zwiebel, feingehackt
2 Teel. Essiggurke, feingehackt
2 Teel. Kräuter, frisch gehackt
½ hartgekochtes Ei · Salz
weißer Pfeffer, frisch gemahlen
1–2 Tropfen flüssiger Süßstoff

Gelingt leicht

Nährstoffgehalt pro Person etwa: 2 g E · 3 g F · 0 g KH
35 kcal/145 kJ · 79 mg Cholesterin · 0 BE

Arbeitszeit: 10 Minuten

Das Wasser, den Essig und das Öl mit der Zwiebel, der Gurke und den Kräutern verrühren. Das Ei würfeln und dazugeben. Mit Salz, Pfeffer und dem Süßstoff würzen. • Paßt zu Bleichsellerie, Blumenkohl, Brechbohnen, Chinakohl, Endivien-, Feld- und Kopfsalat sowie zu Gurke, Paprika, Sellerie, Spargel, Tomaten und Wachsbohnen.

Cocktaildressing

im Bild hinten rechts

Zutaten für 2 Personen:
50 g Magerquark
40 g Ketchup (für Diabetiker geeignet) · 20 g Mayonnaise (50% Fett) · 50–100 ccm Wasser · ½ Eßl. Essig · ½ Teel. Meerrettich · 2–3 Teel. Kräuter, frisch gehackt · Salz · Pfeffer

Gelingt leicht

Nährstoffgehalt pro Person etwa: 4 g E · 5 g F · 3 g KH
75 kcal/315 kJ · 5 mg Cholesterin · 0 BE

Arbeitszeit: 10 Minuten

Den Quark, das Ketchup, die Mayonnaise, das Wasser, den Essig, den Meerrettich, die Kräuter, Salz und Pfeffer verrühren. • Paßt zu Chinakohl, Gurke, Lollo-Rosso, Spargel, Eichblatt-, Eis-, Endivien-, Frisée- und Kopfsalat.

Mit Brot ein sättigendes Abendessen

Wurstsalat mit Käse

im Bild links

Zutaten für 2 Personen:
150 g Geflügelmortadella
70 g Emmentaler Käse (40% Fett i. Tr.) · 1 kleine Zwiebel
1 kleine Gewürzgurke
1 Eßl. Essig · Salz · schwarzer Pfeffer, frisch gemahlen
1 Eßl. Maiskeimöl
2 Eßl. Schnittlauchröllchen
½ hartgekochtes Ei · 1 Tomate
1 Zweig Petersilie

Gelingt leicht

Nährstoffgehalt pro Person etwa: 24 g E · 22 g F · 3 g KH
160 kcal/670 kJ
134 mg Cholesterin · 0 BE

Zubereitungszeit: 15 Minuten
Marinierzeit: 10–15 Minuten

Die Geflügelmortadella häuten, in Scheiben und dann in dünne Streifen schneiden. Den Käse in dünne Stifte schneiden. Die Zwiebel schälen, und in feine Ringe schneiden. Die Gewürzgurke ebenfalls in feine Streifen schneiden. Alle Zutaten in einer Schüssel mischen. • Den Essig, Salz, Pfeffer, das Öl und die Schnittlauchröllchen hinzugeben und verrühren. Die Marinade über die Zutaten gießen. Zugedeckt 10–15 Minuten ziehen lassen. • Die Eihälfte halbieren. Die Tomate waschen, vierteln, dabei den Stielansatz entfernen. Die Petersilie waschen und vom Stengel zupfen. • Den Salat in zwei Schälchen füllen und jeweils mit dem Ei, der Tomate und der Petersilie garnieren. • Mit Vollkornbrot oder hellem Landbrot entsprechend der Kohlenhydratverordnung servieren.

Unser Tip: Er eignet sich besonders im Sommer als Abendessen.

Sauerkrautsalat mit Paprika und Tomate

im Bild rechts

Zutaten für 2 Personen:
250 g Sauerkraut
1 Teel. flüssiger Süßstoff
je ¼ grüne und gelbe Paprikaschote · 100 g Tomate
1 kleine Zwiebel · 1 Teel. Essig
Salz · schwarzer Pfeffer, frisch gemahlen · 1 Teel. Meerrettich, frisch gerieben · 100 g saure Sahne (10% Fett)
1–2 Messerspitzen Paprikapulver, edelsüß

Ballaststoffreich

Nährstoffgehalt pro Person etwa: 4 g E · 6 g F · 8 g KH
110 kcal/460 kJ · 17 mg Cholesterin · 0 BE

Zubereitungszeit: 15 Minuten
Marinierzeit: 10–15 Minuten

Das Sauerkraut mit zwei Gabeln auflockern, grob zerkleinern und in einer Schüssel mit dem Süßstoff vermischen. • Die Paprikaschoten von den Kernen und weißen Rippen befreien, gründlich waschen und in feine Streifen schneiden. Die Tomate in Scheiben schneiden. Die Zwiebel schälen und in feine Würfel schneiden. Die Paprikastreifen, die Tomatenscheiben und die Zwiebelwürfel vorsichtig mit dem Sauerkraut mischen. • Den Essig, Salz, Pfeffer, den Meerrettich und die saure Sahne verrühren, über den Salat gießen und alles vorsichtig vermischen. Zugedeckt 10–15 Minuten ziehen lassen. Mit dem Paprikapulver bestreuen und servieren. • Dazu paßt Vollkornbrot entsprechend der Kohlenhydratverordnung.

Unser Tip: Gut geeignet für Reduktionskost

Reizvolle Salate, die immer schmecken

Liefern wichtige Vitamine

Möhrenrohkost

im Bild links

Zutaten für 2 Personen:
300 g frische Möhren · Saft von 1 Zitrone · flüssiger Süßstoff · 1 Teel. Maiskeimöl · 2–3 Petersilienzweige · 2 Salatblätter

Ballaststoffreich

Nährstoffgehalt pro Person etwa: 2 g E · 3 g F · 9 g KH 70 kcal/305 kJ · kein Cholesterin · 0 BE

Zubereitungszeit: 10–15 Minuten

Die Möhren waschen, schälen und raspeln. Den Zitronensaft, Süßstoff und das Öl dazugeben. Alles gut mischen. • Die Petersilie und die Salatblätter waschen und trockenschwenken. Die Rohkost auf den Salatblättern anrichten und mit der Petersilie garnieren.

Chicoréesalat mit Orangen

im Bild rechts

Zutaten für 2 Personen:
200 g Chicorée · 180 g Orange · 3 Eßl. Joghurt (1,5% Fett) oder Dickmilch · 2 Eßl. Zitronensaft · flüssiger Süßstoff · Senf · 1 Prise Salz

Gelingt leicht

Nährstoffgehalt pro Person etwa: 3 g E · 1 g F · 12 g KH 70 kcal/290 kJ · kein Cholesterin · ½ BE

Zubereitungszeit: 10 Minuten

Den Chicorée halbieren und den bitteren Strunk keilförmig herausschneiden. In Streifen schneiden. Die Orange schälen und in Stückchen schneiden. • Den Joghurt mit den übrigen Zutaten verrühren und über den Chicorée und die Orangenstücke verteilen.

Gemischter Salat

im Bild vorne Mitte

Zutaten für 2 Personen:
1 Teel. Sesamkörner (5 g) · 100 g Frisée- und Lollo-Rosso-Salat · 50 g Radieschen · Weinessig · Salz · Pfeffer · 1 Eßl. Maiskeimöl · 1 Spritzer flüssiger Süßstoff

Gelingt leicht

Nährstoffgehalt pro Person etwa: 2 g E · 6 g F · 1 g KH 70 kcal/280 kJ · kein Cholesterin · 0 BE

Zubereitungszeit: 15 Minuten

Den Sesam rösten. • Den Salat putzen, waschen und abtropfen lassen. Die Blätter zerpflücken. Die Radieschen in Scheiben schneiden. • Essig, Salz, Pfeffer, das Öl und den Süßstoff verrühren. Die Sauce mit dem Salat vermengen. Mit Sesam bestreuen.

Radicchiosalat

im Bild hinten

Zutaten für 2 Personen:
100 g Radicchio · 1 Zweig Dill · 2 Teel. Wasser · 1 Eßl. Zitronensaft · Salz · Pfeffer · 1 Eßl. Sonnenblumenöl · 2 Teel. Walnüsse, grob gehackt

Schnell

Nährstoffgehalt pro Person etwa: 2 g E · 8 g F · 2 g KH 90 kcal/375 kJ · kein Cholesterin · 0 BE

Zubereitungszeit: 15 Minuten

Den Radicchio zerteilen, waschen und abtropfen lassen. Den Dill hacken. • Das Wasser, den Zitronensaft, Salz, Pfeffer, das Öl, die Hälfte des Dills verrühren. Mit den Radicchioblättern vermengen. • Die Walnüsse und den restlichen Dill darüber streuen.

Beliebte Salate

Mit Roggenbrot oder Mischbrot eine erfrischende Mahlzeit

Griechischer Bauernsalat

im Bild links

Zutaten für 2 Personen:
1 kleiner Kopf Eissalat oder Kopfsalat · ½ Salatgurke
2 Tomaten · 1 kleine grüne Paprikaschote · 1 kleine Zwiebel
4 schwarze Oliven · 1 Eßl. Weinessig · ½ Teel. Senf
1 Eßl. Pflanzenöl (10 g)
1 Teel. Kräuter, frisch gehackt (beispielsweise Petersilie, Schnittlauch) Salz · schwarzer Pfeffer, frisch gemahlen
60 g Schafkäse (40% Fett i. Tr.)

Schnell

Nährstoffgehalt pro Person etwa: 8 g E · 13 g F · 6 g KH
180 kcal/720 kJ · 4 mg Cholesterin · 0 BE

Zubereitungszeit: 15 Minuten

Den Salat putzen, waschen, gut abtropfen lassen und die Blätter zerpflücken. Die Gurke waschen, schälen, der Länge nach halbieren und in Stücke schneiden. Die Tomaten waschen, vierteln und dabei die Blütenansätze entfernen. Die Paprikaschote waschen, halbieren, von den Kernen und weißen Rippen befreien und in feine Streifen schneiden. Die Zwiebel schälen und in Ringe schneiden. Die Oliven entkernen. • Den Essig, den Senf, das Öl, die Kräuter, Salz und Pfeffer in einer Schüssel verrühren. • Den Eissalat, die Gurke, den Paprika und die Tomaten vorsichtig mischen, mit Pfeffer bestreuen und die Oliven dazugeben. Die Sauce darüber gießen. • Den Schafkäse zerbröckeln und über den Salat streuen.
Dazu paßt Roggentoast oder Mischbrot getoastet entsprechend der Kohlenhydratverordnung.

Kopfsalat mit Bohnen und Thunfisch

im Bild rechts

Zutaten für 2 Personen:
200 g Prinzeßbohnen (Dose)
1 Ei · 50 g Thunfisch in Wasser (Dose) · 1 kleiner Kopfsalat
2 Tomaten · 1 kleine Zwiebel
1 Sardelle · 4 schwarze Oliven
½ Eßl. Weinessig
1 Eßl. trockener Weißwein
1 Teel. Maiskeimöl (5 g)
Salz · Pfeffer, frisch gemahlen
1 Eßl. Kräuter, frisch gehackt (beispielsweise Petersilie, Schnittlauch, Estragon)

Schnell

Nährstoffgehalt pro Person etwa: 11 g E · 9 g F · 7 g KH
160 kcal/660 kJ · 160 mg Cholesterin · 0 BE

Zubereitungszeit: 30 Minuten

Die Bohnen abtropfen lassen. • Das Ei hart kochen, abschrecken, schälen und halbieren. Den Thunfisch abtropfen lassen und zerpflücken. • Den Kopfsalat putzen, waschen und gut abtropfen lassen. Die Tomaten waschen, vierteln und dabei die Blütenansätze entfernen. Die Zwiebel schälen und in Ringe schneiden. • Die Sardelle unter kaltem Wasser abspülen, der Länge nach halbieren und beide Hälften aufrollen. Die Oliven entkernen. • Den Essig, den Wein, das Öl, Salz, Pfeffer und die Kräuter verrühren. Den Kopfsalat auf zwei Tellern anrichten. Die Bohnen, die Tomatenviertel, den Thunfisch, die Zwiebelringe und die Oliven darauf verteilen. Jede Portion mit ½ Ei und ½ Sardellenfilet garnieren. Die Sauce darüber gießen und den Salat sofort servieren.

Rindfleischsalat mit Paprika und Tomate

Dafür können Sie Bratenreste vom Vortag verwenden

Zutaten für 2 Personen:
1 Ei · 80 g fettarmer Rinderbraten (in Folie oder im Römertopf zubereitet)
1 mittelgroße grüne Paprikaschote · 2 kleine Tomaten
4 kleine Gewürzgurken (etwa 100 g) · 1 Teel. Sonnenblumenöl (5 g)
1 Eßl. Weinessig · Wasser · Salz
weißer Pfeffer, frisch gemahlen
Paprikapulver · Senf
1 Spritzer flüssiger Süßstoff
2 Teel. Schnittlauchröllchen

Gelingt leicht • Preiswert

Nährstoffgehalt pro Person etwa: 14 g E · 9 g F · 6 g KH
160 kcal/640 kJ
190 mg Cholesterin · 0 BE

Zubereitungszeit:
25–30 Minuten
Marinierzeit: 1 Stunde

Das Ei hart kochen, abschrecken und schälen. Den Rinderbraten in feine Streifen schneiden. • Die Paprikaschote halbieren, von den Kernen und weißen Rippen befreien, gründlich waschen und in feine Streifen schneiden. Die Tomaten waschen. Die Tomaten und das Ei achteln. Die Gewürzgurken in feine Streifen schneiden. • Das Öl, den Weinessig und etwas Wasser verrühren. Mit Salz, Pfeffer, Paprikapulver, Senf und dem Süßstoff würzen. Die Marinade über die Salatzutaten gießen und alles mischen. Den Salat kühl stellen und mindestens 1 Stunde ziehen lassen. Eventuell noch einmal mit Salz und Pfeffer abschmecken. • Den Salat auf 2 Teller verteilen und mit dem Schnittlauch bestreuen. Mit getoastetem Mischbrot, entsprechend der Kohlenhydratverordnung servieren.

Unser Tip: Statt Rinderbraten können Sie sehr gut auch Reste von magerem Schweinebraten verwenden. Berufstätige können den Salat am Abend vorher zubereiten und am nächsten Tag mit an den Arbeitsplatz nehmen.

Eissalat mit Sprossen

Schmeckt auch mit Friséesalat

Zutaten für 2 Personen:
100 g Eissalat (½ kleiner Kopf)
je ½ grüne, gelbe und rote Paprikaschote
50 g Mungbohnenkeimlinge
½ Bund Schnittlauch
1 Eßl. Wasser · 2 Eßl. Obstessig
1 Prise Salz · weißer Pfeffer, frisch gemahlen · 1 Spritzer Süßstoff · 2 Eßl. Walnußöl
2 Teel. grob gehackte Walnußkerne

Ballaststoffreich

Nährstoffgehalt pro Person etwa: 4 g E · 9 g F · 7 g KH
120 kcal/500 kJ · kein Cholesterin · 0 BE

Zubereitungszeit: 20 Minuten

Die Salatblätter vom Strunk lösen, waschen und abtropfen lassen. In Streifen schneiden. Die Paprikaschoten von den Kernen und den weißen Rippen befreien, waschen und würfeln. • Die Keimlinge kalt abbrausen und abtropfen lassen. Den Schnittlauch schneiden. • Das Wasser, den Obstessig, das Salz, Pfeffer, den Süßstoff und das Walnußöl verrühren. Den Schnittlauch unterrühren. Den Eissalat, die Paprikawürfel und die Keimlinge mischen. Die Salatsauce darübergeben und vorsichtig vermengen. Die Walnußkerne über den Salat streuen.

Unser Tip: Mungbohnen keimen besonders leicht. Die Mungbohnensamen 6–8 Stunden in lauwarmem Wasser einweichen. Dann in einem Weckglas oder in einer Keimbox keimen lassen. Täglich 1- bis 2mal das Wasser wechseln. Die Keimdauer beträgt 3–5 Tage. 10 g Mungbohnensamen ergeben nach 3 Tagen etwa 35 g Sprossen. Mungbohnensprossen sollten vor der Zubereitung zur Sicherheit immer etwa 3 Minuten gegart werden.

Bleichselleriesalat mit Tomate

Auch für Reduktionskost

Zutaten für 2 Personen:
200 g Bleichsellerie · 1 kleine Tomate · 1 Gewürzgurke (etwa 50 g) · 3 Eßl. Joghurt (1,5% Fett) oder Dickmilch · 1–2 Eßl. frisch gepreßter Zitronensaft oder Obstessig · 1 Messerspitze Tomatenmark · Salz
weißer Pfeffer, frisch gemahlen
flüssiger Süßstoff · 1 Teel. Petersilie, frisch gehackt

Gelingt leicht

Nährstoffgehalt pro Person etwa: 3 g E · 1 g F · 5 g KH
40 kcal/170 kJ · kein Cholesterin · 0 BE

Zubereitungszeit: 15 Minuten
Kühlzeit: etwa 30 Minuten

Den Bleichsellerie putzen, waschen und in etwa ½ cm breite Streifen schneiden. Die Tomate waschen und mit der Gewürzgurke in Würfel schneiden und mit dem Sellerie mischen. • Den Joghurt oder die Dickmilch mit dem Zitronensaft oder Obstessig glattrühren. Mit dem Tomatenmark, Salz, Pfeffer und Süßstoff würzen. Die Sauce über die Salatzutaten geben und alles vermischen. • Den Salat kalt stellen und etwa 30 Minuten ziehen lassen. Dann den Salat eventuell nochmals abschmecken. Mit der Petersilie bestreut servieren.

Unser Tip: Der Salat paßt sehr gut zu gegrilltem oder kurz gebratenem Fleisch oder als Abendessen zu Brot und Aufschnitt.
Roher Bleichsellerie schmeckt etwas metallisch-salzig, aber sehr erfrischend.
Achten Sie beim Einkauf auf frisches Blattgrün an den Stangen. Kaufen Sie keine Stauden, die außen faserig und trocken sind.

Salate, klassisch und bunt

Sind bekömmlich und schmecken gut

Waldorfsalat

im Bild links

Zutaten für 2 Personen:
200 g Knollensellerie
55 g Apfel · 2 Eßl. frisch gepreßter Zitronensaft
45 g frische Ananas ohne Schale · 3 Eßl. Joghurt (1,5% Fett) oder Dickmilch
2 Teel. gemahlene Walnüsse (10 g) · flüssiger Süßstoff
1 Prise Salz · 2 mittelgroße Kopfsalatblätter
2 Walnußhälften

Ballaststoffreich

Nährstoffgehalt pro Person etwa: 4 g E · 5 g F · 13 g KH
115 kcal/485 kJ · 2 mg Cholesterin · ½ BE

Zubereitungszeit: 15 Minuten
Kühlzeit: 15 Minuten

Den Sellerie schälen und fein raspeln. Den Apfel mit der Schale raspeln. Mit der Hälfte des Zitronensaftes beträufeln. Die Ananas in kleine Stücke schneiden. • Den Joghurt oder die Dickmilch mit dem restlichen Zitronensaft und den Walnüssen glattrühren. Mit Süßstoff und dem Salz würzen. • Den Sellerie, den Apfel, die Ananas mit der Joghurtsauce vermengen. Eventuell noch einmal würzen und etwa 15 Minuten im Kühlschrank ziehen lassen. Jede Portion auf einem Salatblatt anrichten und mit der Walnußhälfte garnieren.

Unser Tip: Wenn Ihnen der rohe Sellerie zu hart ist, können Sie ihn vor dem Reiben bißfest garen und dann grob raspeln. Anstelle von Äpfeln und Ananas können Sie auch Orangen- oder Mandarinenfilets verwenden, und statt Walnüssen grobgemahlene Haselnüsse.

Eissalat mit Paprika und Mais

im Bild rechts

Zutaten für 2 Personen:
50 g Eissalat · je 1 kleine rote und grüne Paprikaschote
1 kleine Zwiebel · 35 g Mais aus der Dose · 1 Eßl. Weinessig
1 Eßl. Olivenöl · Salz · weißer Pfeffer, frisch gemahlen
1 Spritzer flüssiger Süßstoff

Gelingt leicht

Nährstoffgehalt pro Person etwa: 3 g E · 6 g F · 8 g KH
100 kcal/420 kJ · kein Cholesterin · ¼ BE

Zubereitungszeit: 15 Minuten

Den Eissalat putzen, waschen, gut abtropfen lassen und in etwa 1 cm breite Streifen schneiden. Die Paprikaschoten waschen, halbieren, von den Kernen und weißen Rippen befreien und in feine Streifen schneiden. Die Zwiebel schälen und fein würfeln. Den Mais abtropfen lassen. • Den Essig, das Öl, eventuell etwas Wasser, Salz, Pfeffer und den Süßstoff verrühren und über den Salat gießen. Alle Salatzutaten vermengen. Den Salat kurz durchziehen lassen und servieren.

Unser Tip: Dieser Salat schmeckt gut zu kurzgebratenem Fleisch. Mit Brot entsprechend der Kohlenhydratverordnung und Aufschnitt bekommen Sie ein komplettes Abendessen.
Rohe Paprikaschoten sind bekömmlicher, wenn die Ringe vorher etwa 3 Minuten in kochendem Wasser blanchiert werden. Nach dem Blanchieren die Paprikaringe in Eiswürfelwasser tauchen und abtropfen lassen.

Feine Salate für besondere Anlässe

Etwas teurer, aber kalorienarm

Krabbensalat

im Bild links

Zutaten für 2 Personen:
- 100 g Krabben aus der Dose
- 60 g Erbsen aus der Dose
- 35 g Mais aus der Dose
- 1 kleine Tomate
- 2 Eßl. Joghurt (1,5% Fett)
- 2 Eßl. saure Sahne (10% Fett)
- 1 Eßl. Zitronensaft oder Weinessig · 1 Teel. feingehackte Zwiebel · Salz · weißer Pfeffer, frisch gemahlen · Senf
- 1 Spritzer flüssiger Süßstoff
- 2 Teel. Dill, frisch gehackt

Gelingt leicht

Nährstoffgehalt pro Person etwa: 12 g E · 3 g F · 8 g KH 110 kcal/460 kJ · 55 mg Cholesterin · ½ BE

Zubereitungszeit: 15 Minuten
Kühlzeit: 30 Minuten

Die Krabben kalt abspülen und abtropfen lassen. Die Erbsen und den Mais abtropfen lassen. Die Tomate würfeln. • Den Joghurt mit der sauren Sahne, dem Zitronensaft oder Weinessig glattrühren. Die Zwiebelwürfel dazugeben. Mit Salz, Pfeffer, etwas Senf und dem Süßstoff würzen. Die Sauce über alle Zutaten geben, vermengen, kühl stellen und etwa 30 Minuten ziehen lassen. • Den Krabbensalat mit dem Dill bestreut servieren. • Dazu paßt Weizentoast oder getoastetes Graubrot entsprechend der Kohlenhydratverordnung.

Variante: Statt Erbsen können Sie 100 g Sojasprossen verwenden. Die Sojasprossen in einem Sieb kalt abspülen und trockenschwenken. Statt Mais schneiden Sie 100 g grüne Paprikaschote in kleine Würfel und bereiten den Salat wie oben beschrieben zu. Mit diesen Zutaten enthält der Salat 0 BE.

Geflügelsalat mit Spargel

im Bild rechts

Zutaten für 2 Personen:
- 100 g gegartes Hühnerfleisch ohne Haut · 50 g Sellerie aus der Dose · 50 g Champignonscheiben aus der Dose
- 50 g Spargel aus der Dose
- 3 Eßl. saure Sahne (10% Fett)
- 3 Eßl. Zitronensaft · Salz
- weißer Pfeffer, frisch gemahlen
- Tomatenmark · Senf · flüssiger Süßstoff

Anspruchsvoll

Nährstoffgehalt pro Person etwa: 13 g E · 2 g F · 3 g KH 80 kcal/320 kJ · 35 mg Cholesterin · 0 BE

Zubereitungszeit: 15 Minuten
Kühlzeit: 30 Minuten

Das Hühnerfleisch und den Sellerie in kleine Würfel schneiden. Die Champignonscheiben und den Spargel kleinschneiden. • Die saure Sahne mit dem Zitronensaft glattrühren und mit Salz, Pfeffer, etwas Tomatenmark, etwas Senf und Süßstoff würzen. Die Sauce über die Salatzutaten geben, leicht vermengen und im Kühlschrank etwa 30 Minuten ziehen lassen. • Den Geflügelsalat vor dem Servieren eventuell noch einmal würzen. Dazu paßt Toast oder getoastetes Mischbrot entsprechend der Kohlenhydratverordnung.

Unser Tip: Wenn zu Ihrem Haushalt nur ein oder zwei Personen gehören, sollten Sie das Geflügel nur portionsweise einkaufen. Ist die Portion dann immer noch zu groß, läßt sich der Rest gut einfrieren.

Kartoffelsalat mit Gurke und Tomate

Die Kartoffeln können am Vortag gekocht werden

Zutaten für 2 Personen:
600 g Kartoffeln · 150 g Salatgurke · 150 g Tomaten
150 g Radieschen
20 g Maiskeimöl (2 Eßl.)
etwas entfettete warme Brühe oder Wasser · 2 Eßl. Weinessig
Salz · weißer Pfeffer, frisch gemahlen · Senf · flüssiger Süßstoff · 2 Teel. feingehackte Zwiebel · 4 Teel. gemischte Kräuter (Petersilie, Dill und Schnittlauch)

Ballaststoffreich

Nährstoffgehalt pro Person etwa: 8 g E · 11 g F · 50 g KH
340 kcal/1420 kJ · kein Cholesterin · 3 BE

Zubereitungszeit: 45 Minuten
Marinierzeit: 1 Stunde

Die Kartoffeln mit der Schale in 25–30 Minuten garen, noch heiß schälen und abkühlen lassen. Die Kartoffeln dann in dünne Scheiben schneiden.
• Die Gurke schälen und in dünne Scheiben schneiden. Die Tomaten und Radieschen waschen und ebenfalls in Scheiben schneiden. • Das Öl mit der Brühe oder dem Wasser und dem Weinessig verrühren. Mit Salz, Pfeffer, etwas Senf und Süßstoff würzen. Die Zwiebel dazugeben. Die Marinade über den Kartoffelsalat geben und alles vorsichtig vermischen. Den Salat im Kühlschrank mindestens 1 Stunde ziehen lassen.
• Dann den Kartoffelsalat eventuell noch einmal würzen. Die Kräuter unterheben. Den Salat gleichmäßig auf 2 Teller verteilen und mit 70–80 g magerem Schweinebraten oder 60 g Geflügel-Fleischwurst servieren.

Unser Tip: Die Kartoffelmenge in diesem Rezept entspricht 3 BE. Sie kann entsprechend der Kohlenhydratverordnung erhöht oder verringert werden. Die Kartoffeln möglichst einen Tag vorher kochen. Sie lassen sich dann besser in Scheiben schneiden.

Kartoffeln einmal anders zubereitet

Bringen Abwechslung auf den Tisch

Herzoginkartoffeln

im Bild links

Zutaten für 2 Personen:
320 g geschälte Kartoffeln oder entsprechend der Kohlenhydratverordnung mehr oder weniger · Salz · 15 g Diätmargarine · 1 bis zur Markierung gefüllter Meßlöffel cholesterinarmes Eipulver
20 ccm handwarmes Wasser
weißer Pfeffer, frisch gemahlen
Muskatnuß, frisch gerieben
Für das Blech: Öl oder Margarine

Braucht etwas Zeit

Nährstoffgehalt pro Person etwa: 3 g E · 7 g F · 25 g KH
180 kcal/770 kJ · 1 mg Cholesterin · 2 BE

Arbeitszeit: 30 Minuten
Garzeit: 30 Minuten

Das cholesterinarme Eipulver mit dem Wasser verrühren und etwa 5 Minuten stehen lassen. • Die Kartoffeln in grobe Würfel schneiden und in etwa 20 Minuten in Salzwasser garen. Das Wasser abgießen. Die Kartoffeln gut abdampfen lassen und durch eine Kartoffelpresse drücken oder mit dem Stampfer zerdrücken. • Die Diätmargarine und das Eipulver nacheinander in die Kartoffelmasse rühren. Mit Pfeffer, Muskat und eventuell noch mit Salz würzen. • Den Backofen auf 200 ° vorheizen. Ein Backblech fetten. • Die Kartoffelmasse in einen Spritzbeutel mit großer Tülle füllen und 6 etwa 3 cm hohe Rosetten auf das Backblech spritzen. Die Herzoginkartoffeln im Backofen (Mitte) in etwa 10 Minuten goldgelb backen. • Dazu passen festlicher Braten oder Wildgerichte und gratiniertes Gemüse.

Unser Tip: Aus der Kartoffelmasse können auch dekorative Kartoffelnester gespritzt werden, die nach dem Backen mit Gemüse gefüllt werden.

Kümmelkartoffeln vom Blech

im Bild rechts

Zutaten für 2 Personen:
320 g kleine Kartoffeln oder entsprechend der Kohlenhydratverordnung mehr oder weniger · Kümmel · Salz
Für das Backblech: Öl

Preiswert

Nährstoffgehalt pro Person etwa: 3 g E · 1 g F · 25 g KH
125 kcal/520 kJ · kein Cholesterin · 2 BE

Arbeitszeit: 10 Minuten
Garzeit: 30 Minuten

Die Kartoffeln gründlich waschen, abtropfen lassen und der Länge nach halbieren. • Den Backofen auf 220 ° vorheizen. • Das Backblech mit Alufolie auslegen, dabei die glänzende Seite nach oben geben. Die Folie mit Öl bepinseln und mit Kümmel bestreuen. Die Kartoffeln mit der Schnittfläche nach unten auf das Backblech legen. • Die Kartoffeln im Backofen (oben) etwa 30 Minuten backen, bis sie gar sind. • Eventuell noch mit Salz würzen.

Unser Tip: Dazu paßt ein Kräuterdip. Für den Dip 250 g Joghurt (1,5% Fett), 1 Eßlöffel kleingewürfelte Zwiebeln, je 1 Teelöffel gehackte Petersilie, Dill und Schnittlauch, etwas Salz und frisch gemahlenen weißen Pfeffer gut verrühren.

Vollkornspaghetti mit Tomaten und Basilikum

Schmeckt besonders gut mit frischen Tomaten

Zutaten für 2 Personen:
2½ l Wasser · Salz
80 g Vollkornspaghetti oder entsprechend der Kohlenhydratverordnung mehr oder weniger · 1–2 Knoblauchzehen
½ Dose Tomaten (250 g)
3 Sardellenfilets
½ Bund Basilikum
20 g Olivenöl (2 Eßl.)
1 kleiner Peperoncino (scharfe Pfefferschote)

Preiswert

Nährstoffgehalt pro Person etwa: 10 g E · 13 g F · 30 g KH 280 kcal/1175 kJ · kein Cholesterin · 2 BE

Zubereitungszeit: 30 Minuten

Das Wasser mit etwas Salz zum Kochen bringen. Dann die Spaghetti hineingeben und umrühren, damit sie nicht zusammenkleben. Die Spaghetti in 8–10 Minuten »al dente« garen. Dabei muß das Wasser immer sprudelnd kochen. Die Nudeln häufig umrühren. • Inzwischen die Knoblauchzehen schälen. Die Tomaten in einem Sieb abtropfen lassen und zerkleinern. • Die Sardellenfilets kleinhacken. Das Basilikum waschen, die Blättchen von den Stengeln zupfen und kleinschneiden. • Das Öl in einer Pfanne erhitzen und die Knoblauchzehen darin so lange braten, bis sie braun sind. Dann herausnehmen. • Den Peperoncino und die Sardellen in die Pfanne geben und solange rühren, bis sich die Sardellen aufgelöst haben. Den Peperoncino herausnehmen. Die Tomaten und die Basilikumblättchen in die Pfanne geben und zugedeckt etwa 15 Minuten schmoren lassen. Die Nudeln abgießen, abtropfen lassen und auf zwei vorgewärmte Teller verteilen. Die Tomatensauce darübergeben und heiß mit einem grünen Salat servieren.

Zartes, wohlschmeckendes Gemüse

Beide Sorten sind leicht bekömmlich

Broccoli mit Pinienkernen

im Bild links

Zutaten für 2 Personen:
400 g Broccoli · 125 ccm
entfettete Fleisch- oder
Knochenbrühe · 125 ccm
Weißwein · 10 g Diätmargarine
2 Teel. Pinienkerne

Ballaststoffreich

Nährstoffgehalt pro Person etwa: 8 g E · 8 g F · 5 g KH
120 kcal/480 kJ · kein Cholesterin · 0 BE

Arbeitszeit: 15 Minuten
Garzeit: 10–15 Minuten

Den Broccoli von den Blättern befreien, die Stielenden entfernen und den Strunk kreuzweise einschneiden. Den Broccoli gründlich waschen. • Die Fleisch- oder Knochenbrühe mit dem Weißwein zum Kochen bringen und den Broccoli darin in 10–15 Minuten garen. • Die Diätmargarine erhitzen. Den Broccoli abtropfen lassen, in eine vorgewärmte Schüssel geben. Die Margarine darüber gießen. Das Gemüse mit den Pinienkernen bestreuen und sofort servieren. • Paßt gut zu kurzgebratenem Fleisch oder Schinken und Salzkartoffeln entsprechend der Kohlenhydratverordnung.

Unser Tip: Broccoli läßt sich gut mit Champignons, mit Möhren, Spargel und Tomaten kombinieren. Statt Pinienkernen können Sie auch Mandelblättchen verwenden.
Achten Sie beim Einkauf darauf, daß Sie nur kräftige grüne Pflanzen mit straffen Blättern, Stielen und Deckblättern kaufen. Welke Blüten und gelbe Deckblätter lassen auf unsachgemäße und zu lange Lagerung schließen.

Blattspinat

im Bild rechts

Zutaten für 2 Personen:
500 g Spinat · 1 kleine Zwiebel
½ Knoblauchzehe
10 g Diätmargarine
weißer Pfeffer, frisch gemahlen
1 Prise Muskatnuß, frisch
gerieben · Salz

Ballaststoffreich

Nährstoffgehalt pro Person etwa: 7 g E · 5 g F · 3 g KH
90 kcal/360 kJ · kein Cholesterin · 0 BE

Arbeitszeit: 30 Minuten
Garzeit: 10 Minuten

Die Spinatblätter verlesen und gründlich waschen. Den Spinat in ein Sieb geben und mit kochendheißem Wasser überbrühen; abtropfen und abkühlen lassen. • Die Zwiebel und die Knoblauchzehe schälen und fein hacken. Den Spinat grob hacken. • Die Diätmargarine in einem Schmortopf erhitzen. Die Zwiebel und den Knoblauch darin glasig braten. Den Spinat dazugeben und in etwa 10 Minuten garen. Das Gemüse mit Pfeffer, dem Muskat und Salz würzen. • Paßt gut zu Fisch, Fleisch, Eierspeisen sowie Salzkartoffeln entsprechend der Kohlenhydratverordnung.

Unser Tip: Spinat sollte nach dem Einkauf sofort verarbeitet werden. Wenn Sie ihn trotzdem einmal nicht gleich zubereiten können, schlagen Sie den Spinat in ein feuchtes Tuch ein und bewahren ihn höchstens 12 Stunden im Gemüsefach des Kühlschrankes auf.
Spinat sollten Sie niemals aufwärmen. Denn Spinat enthält Nitrat, das dabei in das gesundheitsschädliche Nitrit verwandelt wird.
Sie können auch tiefgefrorenen Spinat verwenden.

Apfelrotkohl

Im Winter eine besonders beliebte Beilage

Zutaten für 2 Personen:
400 g Rotkohl (etwa 1 kleiner Kopf) · 1 kleiner Apfel (100 g geschält) · 1 kleine Zwiebel
2 Gewürznelken
1 Lorbeerblatt · 20 g Schmalz
1 Eßl. Essig
1 Spritzer flüssiger Süßstoff
Salz · schwarzer Pfeffer, frisch gemahlen · 100 ccm entfettete heiße Fleisch- oder Knochenbrühe

Ballaststoffreich

Nährstoffgehalt pro Person etwa: 4 g E · 11 g F · 14 g KH 170 kcal/680 kJ · 9 mg Cholesterin · ½ BE

Arbeitszeit: 20 Minuten
Garzeit: 30–40 Minuten

Den Kohlkopf putzen, halbieren und den Strunk herausschneiden. Den Rotkohl in feine Streifen schneiden. Den Apfel vierteln und in Scheiben schneiden. Die Zwiebel schälen und mit den Nelken und dem Lorbeerblatt spicken. • Das Schmalz in einem Schmortopf zerlassen, dann den Kohl und die Apfelscheiben in das Fett geben. Mit dem Essig, dem Süßstoff, Salz und Pfeffer würzen. Gut umrühren. Die Fleischbrühe dazugießen und die Zwiebel dazugeben. Das Gemüse zugedeckt bei mittlerer Hitze 30–40 Minuten schmoren lassen. Dabei ab und zu umrühren. Die Zwiebel herausnehmen und den Rotkohl eventuell nochmals würzen.

Unser Tip: Apfelrotkohl paßt sehr gut zu feinen Braten, Wildgerichten, dazu Salzkartoffeln entsprechend der Kohlenhydratverordnung. Rotkohl sollten Sie gleich in einer größeren Menge zubereiten; er läßt sich gut einfrieren.

Gratinierter Lauch

Nur Lauch mit einwandfreien Blättern verwenden

Zutaten für 2 Personen:
500 g Lauch (etwa 4 Stangen)
Salz · 60 g gekochter Schinken
3 Eßl. Dickmilch oder Joghurt (1,5% Fett) · 3 Eßl. saure Sahne (10% Fett) · weißer Pfeffer, frisch gemahlen
4 Teel. geriebener Käse (30% Fett i. Tr.)
10 g Diätmargarine

Ballaststoffreich

Nährstoffgehalt pro Person etwa: 14 g E · 12 g F · 8 g KH 190 kcal/800 kJ · 35 mg Cholesterin · 0 BE

Arbeitszeit: 25 Minuten
Backzeit: 20 Minuten

Den Lauch putzen, gründlich waschen, in etwa 10 cm lange Stücke schneiden. Das Gemüse in kochendes Salzwasser geben und in etwa 10 Minuten bei schwacher Hitze garen (nicht zu weich kochen). Dann abtropfen lassen. • Inzwischen den Schinken in Würfel schneiden. Die Dickmilch mit der sauren Sahne glattrühren. Mit Salz und Pfeffer würzen. Den Käse dazugeben und alles verrühren. • Den Backofen auf 220° vorheizen. • Die abgetropften Lauchstangen in eine feuerfeste Form legen. Die Schinkenwürfel darauf verteilen und die Käsesoße gleichmäßig darüber gießen. Die Diätmargarine in Flöckchen darauf setzen. Den Lauch etwa 20 Minuten überbacken, bis die Oberfläche leicht gebräunt ist. Sofort mit Stangenweißbrot oder getoastetem Mischbrot entsprechend der Kohlenhydratverordnung servieren.

Unser Tip: Statt Lauch können Sie auch sehr gut Blumenkohl, Bleichsellerie, Broccoli, Chicorée oder Spargel wie oben beschrieben gratinieren.

Grüne Bohnen

Gibt es von Juni bis September zu kaufen

Zutaten für 2 Personen:
400 g grüne Bohnen · 1 kleine Zwiebel · 10 g Diätmargarine
100 ccm entfettete, heiße Fleisch- oder Knochenbrühe
1 Zweig Bohnenkraut · Salz
weißer Pfeffer, frisch gemahlen
1 Teel. Petersilie, frisch gehackt

Ballaststoffreich

Nährstoffgehalt pro Person etwa: 5 g E · 5 g F · 14 g KH
120 kcal/480 kJ · kein Cholesterin · 0 BE

Arbeitszeit: 15–20 Minuten
Garzeit: 30 Minuten

Die Bohnen putzen und in grobe Stücke brechen. Die Zwiebel schälen und fein hakken. • Die Diätmargarine in einem Schmortopf erhitzen, die Zwiebelwürfel darin glasig braten. Die Bohnen und die Fleischbrühe dazugeben. Das Gemüse bei schwacher Hitze etwa 30 Minuten kochen lassen. • Nach etwa 15 Minuten das Bohnenkraut auf die Bohnen legen. Das Bohnengemüse mit Salz und Pfeffer würzen und mit der Petersilie bestreuen. Dazu passen Lammfleisch, Hackfleischgerichte oder Geflügelbratwurst und Salzkartoffeln entsprechend der Kohlenhydratverordnung.

Unser Tip: Frische Bohnen erkennen Sie daran, daß sie beim Durchbrechen leise knacken. Bohnen, die Sie nicht sofort zubereiten, sollten Sie waschen und noch ungeputzt in ein feuchtes Tuch schlagen. Dann kühl und dunkel lagern, aber nicht länger als 2–3 Tage. Bohnen sind roh ungenießbar. Sie enthalten das schädliche Phasin, das erst durch Kochen zerstört wird. Bohnen harmonieren gut mit Tomaten und allen Zwiebelarten. Bohnenkraut, Petersilie, Salbei oder Thymian sorgen für das gute Aroma.

Wirsinggemüse

Ein typisches Wintergemüse

Zutaten für 2 Personen:
500 g Wirsing · 1 kleine Zwiebel
15 g Schmalz · Salz · schwarzer Pfeffer, frisch gemahlen
125 ccm entfettete Fleisch- oder Knochenbrühe · 1 Prise Muskatnuß, frisch gerieben
1 Teel. Petersilie, frisch gehackt

Ballaststoffreich

Nährstoffgehalt pro Person etwa: 8 g E · 9 g F · 12 g KH
160 kcal/640 kJ · 7 mg Cholesterin · 0 BE

Arbeitszeit: 20 Minuten
Garzeit: 20 Minuten

Den Wirsing gründlich waschen, halbieren und den Strunk entfernen. Den Wirsing in feine Streifen schneiden. Die Zwiebel schälen und kleinschneiden. • In einem großen Topf Wasser zum Kochen bringen, und den Wirsing darin etwa 3 Minuten blanchieren. Herausnehmen und abtropfen lassen. • Das Schmalz erhitzen und die Zwiebel darin glasig braten. Den Wirsing hinzufügen und gut umrühren. Mit Salz und Pfeffer würzen. Die Fleischbrühe angießen und das Gemüse zugedeckt etwa 20 Minuten bei schwacher Hitze garen. Mit der Petersilie bestreuen. • Das Wirsinggemüse paßt sehr gut zu gekochtem Rindfleisch, Geflügelbratwurst oder Hackfleischgerichten und Salzkartoffeln entsprechend der Kohlenhydratverordnung.

Unser Tip: Achten Sie beim Einkauf auf möglichst feste, geschlossene Köpfe. Je dunkler der Wirsing, desto intensiver ist sein typischer Geschmack. Im Kühlschrank können Sie ihn etwa eine Woche aufbewahren. Würzen können Sie mit Beifuß, Koriander, Kümmel, Petersilie und schwarzem Pfeffer.

Feines Kohlgemüse

Nicht zu lange kochen, es sollte noch »Biß« haben

Chinakohl mit Möhren

im Bild links

Zutaten für 2 Personen:
500 g Chinakohl · 100 g Möhren · 1 kleine Zwiebel
10 g Diätmargarine · Salz
weißer Pfeffer, frisch gemahlen
125 ccm heiße entfettete Fleisch- oder Knochenbrühe
Muskatnuß, frisch gerieben
1 Teel. Petersilie, frisch gehackt

Ballaststoffreich

Nährstoffgehalt pro Person etwa: 4 g E · 5 g F · 6 g KH
80 kcal/320 kJ · kein Cholesterin · 0 BE

Arbeitszeit: 15 Minuten
Garzeit: 20 Minuten

Den Chinakohl und die Möhren putzen, waschen und in Streifen schneiden. Die Zwiebel schälen und fein hacken. • Die Diätmargarine in einem Schmortopf erhitzen, die Zwiebelwürfel dazugeben und darin glasig braten. Das Gemüse hineingeben, mit Salz und Pfeffer würzen und etwa 5 Minuten schmoren lassen. Die Fleischbrühe dazugießen und das Gemüse zugedeckt etwa 15 Minuten bei schwacher Hitze garen. • Das Gemüse mit Muskat würzen, mit der Petersilie bestreuen und servieren.
• Schmeckt gut mit Braten, Geflügelbratwurst, Hackfleischgerichten und Salzkartoffeln entsprechend der Kohlenhydratverordnung.

Unser Tip: Chinakohl ist leicht verdaulich und deshalb gut verträglich. Wegen seines unaufdringlichen Aromas können Sie ihn gut mit vielen Gemüsesorten kombinieren.
Mit Basilikum, Ingwer, Petersilie, Pfefferminze oder 1 Prise Piment gewürzt, schmeckt Chinakohl ausgezeichnet.

Gedünsteter Rosenkohl

im Bild rechts

Zutaten für 2 Personen:
500 g Rosenkohl · 20 g durchwachsener Speck · Salz · 1 Prise
Muskatnuß, frisch gerieben
100 ccm entfettete, heiße Fleisch- oder Knochenbrühe
1 Teel. Petersilie, frisch gehackt

Ballaststoffreich

Nährstoffgehalt pro Person etwa: 11 g E · 7 g F · 8 g KH
140 kcal/560 kJ · 9 mg Cholesterin · 0 BE

Arbeitszeit: 15 Minuten
Garzeit: 25 Minuten

Den Rosenkohl putzen, waschen und die Strünke kreuzweise einschneiden. Den Speck in Würfel schneiden.
• Die Speckwürfel in einem Schmortopf erhitzen und glasig braten. Den Rosenkohl darin in etwa 3 Minuten anbraten. Mit Salz und Muskat würzen. Die Brühe dazugießen und das Gemüse bei milder Hitze in etwa 20 Minuten zugedeckt garen. Den Rosenkohl mit der Petersilie bestreut servieren.
• Schmeckt zu gebratenem Fleisch, Geflügel oder Wild.

Unser Tip: Rosenkohl ist ein typisches Wintergemüse. Wenn Sie diesen zarten Kohl nur in wenig Fett und Flüssigkeit dünsten, bleiben die darin enthaltenen Nährstoffe erhalten. Rosenkohl paßt gut zu Schwarzwurzeln und schmeckt hervorragend mit Hackfleischklößchen, Schinken oder Speck. Mit Muskat, weißem Pfeffer, Petersilie, Salbei und Zitronenmelisse können Sie ihn würzen. Achten Sie beim Einkauf auf festgeschlossene Kohlröschen mit dunkelgrünen Blättern. Je kleiner die Köpfchen, desto feiner sind sie im Geschmack.

Paprikagemüse mit Tomaten

Mit Kräutern oder würzig-scharf

Ratatouille

im Bild hinten

Zutaten für 2 Personen:
100 g Aubergine · je 100 g rote und gelbe Paprikaschote · 100 g Zucchini · 200 g Salatgurke
200 g Tomaten · ½ kleine Zwiebel · 3 Teel. Olivenöl (15 g)
Salz · Knoblauchpulver
schwarzer Pfeffer, frisch gemahlen · je 1 Prise getrockneter Estragon und Rosmarin
je ½ Teel. getrockneter Thymian und Oregano
1 Prise getrocknetes Basilikum
2 Teel. Petersilie, feingehackt

Ballaststoffreich

Nährstoffgehalt pro Person etwa: 2 g E · 9 g F · 11 g KH
135 kcal/540 kJ · kein Cholesterin · 0 BE

Arbeitszeit: 15 Minuten
Garzeit: 20 Minuten

Die Aubergine waschen, vom Stielansatz befreien und in Stücke schneiden. Die Paprikaschoten halbieren, von den Kernen und weißen Rippen befreien, waschen und in Streifen schneiden. Die Zucchini waschen, vom Stielansatz befreien und in Scheiben schneiden. Die Gurke schälen, halbieren, die Kerne herauskratzen. Die Gurkenhälften in Stücke schneiden. Die Tomaten häuten und achteln. Die Zwiebel würfeln. • Das Öl in einem Topf erhitzen und die Zwiebelwürfel darin glasig braten. Die Auberginenstücke und die Paprikastreifen dazugeben und etwa 3 Minuten dünsten. Die Zucchini und die Gurke hinzufügen. Mit Salz, Knoblauchpulver und Pfeffer würzen. Die Kräuter hinzufügen und alles in etwa 15 Minuten bei schwacher Hitze garen. Die Tomatenachtel dazugeben und kurz ziehen lassen. Mit Petersilie bestreuen. • Dazu passen Hackfleisch und Reis oder Stangenweißbrot entsprechend der Kohlenhydratverordnung.

Unser Tip: Mit frischen Kräutern schmeckt das Gemüse noch besser.

Lecso

im Bild vorne

Zutaten für 2 Personen:
je 1 kleine rote, grüne und gelbe Paprikaschote · 300 g Tomaten · 1 kleine Zwiebel
10 g Diätmargarine · 1 Teel. Paprikapulver, edelsüß
100 ccm entfettete Fleisch- oder Knochenbrühe · Salz
schwarzer Pfeffer, frisch gemahlen · 1 Teel. Petersilie, frisch gehackt

Ballaststoffreich

Nährstoffgehalt pro Person etwa: 4 g E · 5 g F · 11 g KH
100 kcal/400 kJ · kein Cholesterin · 0 BE

Arbeitszeit: 15 Minuten
Garzeit: 25 Minuten

Die Paprikaschoten halbieren, von den Kernen und weißen Rippen befreien, waschen und in Streifen schneiden. Die Tomaten häuten und vierteln. Die Zwiebel schälen und fein hacken. • Die Diätmargarine in einem Schmortopf erhitzen, die Zwiebel dazugeben und etwa 5 Minuten darin unter Rühren anbraten. Das Paprikapulver, die Paprikastreifen dazugeben und die Fleischbrühe dazugießen. Das Gemüse zugedeckt in etwa 10 Minuten garen. Die Tomatenviertel hinzufügen und alles noch weitere 10 Minuten zugedeckt kochen lassen. Das Gemüse mit Salz und Pfeffer würzen und mit der Petersilie bestreuen. • Das Gemüse paßt gut zu Braten oder Hackfleisch, Reis oder Salzkartoffeln entsprechend der Kohlenhydratverordnung.

Was Diabetiker sonst noch mögen ...

Was wäre eine Mahlzeit ohne das Dessert? Oft wird es als zu kalorienreich gemieden. Daß Desserts nicht immer »Energiebomben« sein müssen und trotzdem schmecken, zeigen Ihnen die Rezepte in diesem Kapitel. Aus frischem Obst, Dunstobst oder tiefgefrorenem Obst ohne Zuckerzusatz lassen sich wahre Köstlichkeiten zaubern. Cremes und Puddings gelingen leicht mit Puddingpulver und Speisestärke, die es überall zu kaufen gibt. Auch Gelatine und Johannisbrotkernmehl können Sie gut verwenden. Zum Süßen wählen Sie den kalorienfreien flüssigen Süßstoff. Probieren Sie einmal die Geleespeise mit Kirschen (Rezept Seite 95).
Auch auf Kuchen und Gebäck brauchen Sie nicht zu verzichten.

Aber: Mit Kuchen nehmen Sie mehr Kalorien auf, auch wenn Sie den Kuchen nach unseren Rezepten zubereiten. Sie können sowohl Fruchtzucker als auch Haushaltszucker verwenden (in den Rezepten steht dann einfach nur »Zucker«). Beachten Sie aber, daß Kuchenteige mit Fruchtzucker zubereitet, schneller bräunen. Dies gilt besonders für helle Biskuit- und Rührteige. Der Geschmack wird jedoch nicht beeinträchtigt.
Wer abnehmen muß, der sollte möglichst auf Kuchen und Gebäck verzichten.
Außerdem bietet Ihnen dieses Kapitel raffinierte Rezept-Ideen für erfrischende Getränke und süße Brotaufstriche.

Zwei, die sich ergänzen

Schokolade und Vanille

Vanillesauce

im Bild links

Zutaten für 2 Personen:
5 g Vanillesaucenpulver
110 ccm Milch (1,5% Fett)
flüssiger Süßstoff

Gelingt leicht

Nährstoffgehalt pro Person etwa: 2 g E · 1 g F · 4 g KH 30 kcal/120 kJ · 3 mg Cholesterin · ⅓ BE

Arbeitszeit: 10 Minuten
Kühlzeit: 1 Stunde

Das Saucenpulver mit 1 Eßlöffel kalter Milch anrühren. • Die restliche Milch zum Kochen bringen. Die Milch von der Kochstelle nehmen, das angerührte Saucenpulver hineingeben und unter Rühren kurz aufkochen lassen. • Mit Süßstoff abschmecken und mindestens 1 Stunde kalt stellen. Damit sich keine Haut bildet, die Sauce ab und zu umrühren. Dazu paßt ⅔ BE Schokoladendessert.

Variante: Statt Vanillesaucenpulver können Sie auch die gleiche Menge Speisestärke verwenden. Halbieren Sie etwa ¼ Vanillestange und geben Sie die Vanillestange zusammen mit 1 Prise Salz in die Milch. Die Vanillesauce wie oben beschrieben zubereiten. Wer lieber eine Schokoladensauce mag, kann anstelle Vanillesaucenpulver die gleiche Menge Schokoladensaucenpulver verwenden. Eine Vanillesauce (ohne Anrechnung auf die BE) können Sie aus 100 ccm süßer Sahne oder Kondensmilch, Vanillemark, flüssigem Süßstoff zubereiten. Dafür alle Zutaten miteinander verrühren.

Schokoladendessert

im Bild rechts

Zutaten für 2 Personen:
10 g Schokoladenpuddingpulver
185 ccm Milch (1,5% Fett)
1 Prise Salz · flüssiger Süßstoff
1 Eiweiß (siehe Seite 110)
1 Teel. Schokoladenspäne

Preiswert

Nährstoffgehalt pro Person etwa: 1 g E · 2 g F · 9 g KH 65 kcal/270 kJ · 4 mg Cholesterin · 1 BE

Arbeitszeit: 10 Minuten
Kühlzeit: mindestens 1 Stunde

Das Puddingpulver in 2 Eßlöffeln Milch anrühren. • Die restliche Milch mit dem Salz zum Kochen bringen. Die Milch von der Kochstelle nehmen, das angerührte Puddingpulver hineingeben und unter Rühren kurz aufkochen lassen. • Mit Süßstoff abschmecken. Das Eiweiß steif schlagen und unter den Pudding heben. • Den Schokoladenpudding in zwei Schälchen füllen und mindestens 1 Stunde kalt stellen. Dazu paßt sehr gut ⅓ BE Vanillesauce.

Unser Tip: Besonders fein schmeckt der Pudding, wenn Sie bittere Schokolade raspeln und die Schokoladenraspel noch bevor Sie den Eischnee unterheben, unter die Masse rühren.

Variante: Wer lieber Vanillepudding mag, kann anstelle von Schokoladenpuddingpulver die gleiche Menge Puddingpulver mit Vanillegeschmack verwenden und das Mark von ½ Vanillestange unterrühren.

Lockere Cremes

Runden eine Mahlzeit ab

Weißweincreme

im Bild links

Zutaten für 2 Personen:
15 g Vanillepuddingpulver
250 ccm Milch (1,5% Fett)
1 Prise Salz
½ g Johannisbrotkernmehl
(½ Meßlöffel) · 80 ccm
trockener Weißwein flüssiger
Süßstoff
1 Eiweiß (siehe Seite 110)

Preiswert

Nährstoffgehalt pro Person etwa: 6 g E · 2 g F · 14 g KH 4 g Alkohol · 125 kcal/520 kJ 6 mg Cholesterin · 1 BE

Arbeitszeit: 15 Minuten
Kühlzeit: 1 Stunde

Das Puddingpulver mit 3 Eßlöffeln kalter Milch anrühren. • Die restliche Milch mit dem Salz zum Kochen bringen. Die Milch von der Kochstelle nehmen. Das angerührte Puddingpulver hineingeben und unter ständigem Rühren kurz aufkochen lassen. • Das Johannisbrotkernmehl mit dem Weißwein verrühren und ebenfalls kurz aufkochen. Dann mit dem Handrührgerät oder Schneebesen unter den Vanillepudding rühren. Mit Süßstoff abschmecken. • Das Eiweiß steif schlagen und unter die Creme heben. In 2 Dessertschalen füllen und mindestens 1 Stunde kalt stellen.

Unser Tip: Vor dem Servieren mit je einem Sahnetupfer (siehe Seite 111) und zwei halbierten gehäuteten und entkernten Weintrauben oder auch geraspelter Diabetiker-Schokolade garnieren. Wenn Sie lieber eine Rotweincreme mögen, können Sie anstelle von Weißwein die gleiche Menge trockenen Rotwein verwenden.

Pfirsichcreme

im Bild rechts

Zutaten für 2 Personen:
130 g Pfirsiche (frisch oder aus
der Dose ohne Zuckerzusatz)
10 g Vanillepuddingpulver
170 ccm Milch (1,5% Fett)
1 Prise Salz · flüssiger Süßstoff
1 Eiweiß (siehe Seite 110)

Preiswert

Nährstoffgehalt pro Person etwa: 5 g E · 1 g F · 14 g KH 90 kcal/375 kJ · 4 mg Cholesterin · 1 BE

Arbeitszeit: 15 Minuten
Kühlzeit: 1½ Stunden

Die Pfirsiche mit dem Pürierstab zerkleinern oder in kleine Stückchen schneiden. Zwei größere Stücke zum Garnieren beiseite stellen. • Das Puddingpulver mit 2 Eßlöffeln kalter Milch anrühren. • Die restliche Milch mit dem Salz zum Kochen bringen. Die Milch von der Kochstelle nehmen, das angerührte Puddingpulver hineingeben und unter Rühren kurz aufkochen lassen. Mit Süßstoff abschmecken. Das Pfirsichmus darunterrühren. Das Eiweiß steif schlagen und unterheben. • Die Creme in zwei Gläser füllen und etwa 1½ Stunden kalt stellen. Vor dem Servieren mit den Pfirsichstückchen garnieren.

Unser Tip: Anstelle von Pfirsichen können Sie auch 120 g Aprikosen oder 90 g Ananas verwenden. Besonders gut schmeckt die Creme, wenn Sie den Geschmack mit Vanillemark abrunden.
Zur Herstellung von Ananascreme sollten nur konservierte Früchte verwendet werden. Frische Ananas enthält ein eiweißspaltendes Ferment, welches das Festwerden der Creme verhindert.

Orangencreme

Die zarte Creme läßt sich gut vorbereiten

Zutaten für 2 Personen:
2 Blatt weiße Gelatine
1 Ei (siehe Seite 10)
12 g Zucker
120 g Orangensaft (ohne Zuckerzusatz oder frisch gepreßt) · 4 Teel. trockener Weißwein · abgeriebene Orangenschale von 1 unbehandelten Orange
flüssiger Süßstoff
1 Orangenscheibe und Schokoladenspäne
2 Tupfer Schlagsahne (siehe Seite 111)

Braucht etwas Zeit

Nährstoffgehalt pro Person etwa: 5 g E · 4 g F · 13 g KH 110 kcal/460 kJ · 160 mg Cholesterin · 1 BE

Arbeitszeit: 15–20 Minuten
Kühlzeit: 1 Stunde 10 Minuten

Die Gelatine etwa 4 Minuten in kaltem Wasser einweichen. • Das Ei in Eigelb und Eiweiß trennen. Das Eigelb mit dem Zucker cremig rühren. Den Orangensaft, den Weißwein und die Orangenschale dazugeben. Mit Süßstoff abschmekken. • Die Gelatine ausdrücken, bei schwacher Hitze auflösen und langsam unter Rühren zur Saftmischung geben. • Die Masse etwa 10 Minuten in den Kühlschrank stellen, bis sie zu stocken beginnt. • Das Eiweiß steif schlagen und unter die Orangenmasse heben. In zwei Dessertschalen füllen und nochmals kalt stellen. • Vor dem Servieren mit ½ Orangenscheibe und einigen Schokoladenspänen garnieren.

Himbeercreme

Schmeckt besonders erfrischend

Zutaten für 2 Personen:
3½ Blatt weiße Gelatine
340 g Himbeeren (frisch oder tiefgefroren) · 2 Eßl. trockener Rotwein · flüssiger Süßstoff
1 Eiweiß (siehe S. 110)
2 Tupfer Schlagsahne (s. S. 111)
2 Blättchen Zitronenmelisse

Ballaststoffreich

Nährstoffgehalt pro Person etwa: 6 g E · 1 g F · 13 g KH 1 g Alkohol · 95 kcal/400 kJ kein Cholesterin · 1 BE

Arbeitszeit: 15–20 Minuten
Kühlzeit: 1 Stunde 10 Minuten

Die Gelatine in kaltem Wasser etwa 4 Minuten einweichen. • Die Himbeeren im Mixer zerkleinern (2 schöne Beeren für die Garnitur zurücklassen) und mit dem Rotwein aufkochen. Tiefgefrorene Himbeeren vorher auftauen. Mit etwas Süßstoff abschmecken. • Die Gelatine ausdrücken und bei schwacher Hitze auflösen. Die Himbeeren in eine Schüssel geben und die Gelatine unter ständigem Rühren hinzufügen. Die Masse 10–15 Minuten in den Kühlschrank stellen, bis sie zu stocken beginnt. • Inzwischen das Eiweiß steif schlagen und unter die Masse heben. Die Creme in zwei Dessertschalen füllen und nochmals kalt stellen. • Mit den Sahnetupfern, je einer Himbeere und 1 Blättchen Zitronenmelisse garnieren.

Variante: Anstelle von Himbeeren können auch 460 g Erdbeeren oder 340 g Brombeeren verwendet werden. Wenn es etwas schneller gehen soll, kochen Sie 240 g Himbeeren oder die entsprechende Menge Erdbeeren oder Brombeeren mit dem Rotwein auf. Dann mit Süßstoff abschmecken und kalt stellen. In zwei Dessertschalen füllen und mit je ⅓ BE kalter Vanillesauce (Rezept Seite 88) übergießen.

Aprikosen-Ananas-Dessert

Auch für besondere Anlässe geeignet

Zutaten für 2 Personen:
3 Blatt weiße Gelatine · 90 g
Dunstananas · 120 g frische
Aprikosen oder Dunstaprikosen
2 Eßl. Sahne (30% Fett; 20 g)
1 Eßl. trockener Weißwein
1 Teel. Kirschwasser · flüssiger
Süßstoff · 2 Tupfer Schlagsahne
(siehe Seite 111)

Braucht etwas Zeit

Nährstoffgehalt pro Person etwa: 4 g E · 5 g F · 13 g KH 120 kcal/485 kJ · 20 mg Cholesterin · 1 BE

Arbeitszeit: 20 Minuten
Kühlzeit: 1 Stunde

Die Gelatine etwa 4 Minuten in kaltem Wasser einweichen. • Die Ananas und die Aprikosen kleinschneiden, je 2 Stücke beiseite legen oder im Mixer pürieren. Mit der Sahne, dem Weißwein, dem Kirschwasser und Süßstoff vermischen. • Die Gelatine ausdrücken und bei schwacher Hitze auflösen. Das Ananas-Aprikosen-Püree unter ständigem Rühren dazugeben. Mit dem Handrührgerät auf höchster Stufe etwa 2 Minuten schlagen. • Die Creme in 2 Dessertschalen füllen und kalt stellen. • Vor dem Servieren mit je einem Sahnetupfer sowie einem Stückchen Aprikose und Ananas garnieren.

Unser Tip: Wenn Sie frische Aprikosen verwenden, sollten Sie die Früchte kurz in kochendes Wasser tauchen und anschließend die Haut entfernen. Verwenden Sie für dieses Dessert nur konservierte Ananas. Denn frische Ananas enthält ein eiweißspaltendes Ferment, welches das Festwerden der Creme verhindert.
Sie können statt Blattgelatine auch Pulvergelatine verwenden. Halten Sie sich dabei aber an die Gebrauchsanweisung, die auf der Packung steht.

Birne Helene

Die Schokoladensauce sollte wirklich heiß sein

Zutaten für 2 Personen:
120 g Dunstbirnen, möglichst
2 Hälften · 5 g Schokoladen-
saucenpulver · 110 ccm Milch
(1,5% Fett) · flüssiger Süßstoff
1 Teel. Birnenschnaps
1 Teel. Mandelsplitter

Schnell

Nährstoffgehalt pro Person etwa: 3 g E · 2 g F · 13 g KH 1 g Alkohol · 90 kcal/380 kJ 2 mg Cholesterin · 1 BE

Arbeitszeit: 15 Minuten

Die Birnenhälften in einem Sieb abtropfen lassen und je 1 Hälfte mit der Höhlung nach unten in ein Schälchen legen. • Die Mandelsplitter in einer beschichteten Pfanne goldgelb rösten. • Das Schokoladensaucenpulver mit etwas kalter Milch anrühren. Die restliche Milch zum Kochen bringen. Die Milch von der Kochstelle nehmen, das Saucenpulver hineingeben und unter Rühren kurz aufkochen lassen. Etwas Süßstoff und den Birnenschnaps dazugeben. • Die heiße Schokoladensauce über die Birnen gießen, mit den Mandelsplittern bestreuen und sofort servieren.

Variante: Ganz besonders gut schmeckt dieses Dessert, wenn Sie die Birnenhälften auf je ½ BE Diabetiker-Vanilleeis legen und dann mit der heißen Schokoladensauce übergießen. Diese ½ BE können Sie bei den Beilagen (Reis, Kartoffeln oder Teigwaren) abziehen.

Unser Tip: Anstelle von Mandelsplittern können auch gehackte Haselnüsse verwendet werden. Anstelle von Dunstbirnen können Sie auch frische Williams Christbirnen verwenden, die Sie selber in etwas Wasser mit Zitronenschale dünsten.

Schwarzwälder Kirschbecher

Schmeckt auch mit Vanillepudding

Zutaten für 2 Personen:
100 g Dunstsauerkirschen aus der Dose · 4 Eßl. Kirschsaft (50 ccm) · 1 Eßl. trockener Rotwein · flüssiger Süßstoff
1 g Johannisbrotkernmehl (1 Meßlöffel)
7 g Schokoladenpuddingpulver
150 ccm Milch (1,5% Fett)
1 Prise Salz
1 Teel. Kirschwasser
2 Tupfer Schlagsahne (siehe Seite 111)

Braucht etwas Zeit

Nährstoffgehalt pro Person etwa: 3 g E · 2 g F · 12 g KH 1 g Alkohol · 90 kcal/360 kJ 4 mg Cholesterin · 1 BE

Arbeitszeit: 20 Minuten
Kühlzeit: 2 Stunden

Die Sauerkirschen mit dem Saft, dem Rotwein und Süßstoff in einen Topf geben. Mit dem Johannisbrotkernmehl bestäuben und unter Rühren kurz aufkochen lassen. • Die Kirschen in 2 hohe Dessertschalen füllen und etwa 1 Stunde kalt stellen. • Das Puddingpulver mit 1 Eßlöffel kalter Milch anrühren. Die restliche Milch mit dem Salz zum Kochen bringen. Die Milch von der Kochstelle nehmen, das angerührte Puddingpulver hineingeben und unter Rühren kurz aufkochen lassen. Süßstoff und das Kirschwasser dazugeben und abschmecken. • Die Schokoladencreme in die Dessertschalen auf die Kirschen füllen und das Dessert nochmals etwa 1 Stunde kalt stellen. Den Kirschbecher vor dem Servieren mit den Sahnetupfern garnieren.

Unser Tip: Dieses Dessert sollten Sie unbedingt einmal Ihren Gästen servieren, denn es schmeckt ausgezeichnet. Ein ähnliches Dessert können Sie mit Vanillepudding, Apfelstückchen statt Kirschen und Apfelsaft und Calvados herstellen.

Cremes mit Vanille oder Zimt

Lassen sich gut vorbereiten

Vanillecreme

im Bild links

Zutaten für 2 Personen:
15 g Vanillepuddingpulver
250 ccm Milch (1,5% Fett)
1 Prise Salz · flüssiger Süßstoff
1 Eiweiß (siehe Seite 110)
2 Blätter Zitronenmelisse
2 Sahnetupfer (siehe Seite 111)

Preiswert

Nährstoffgehalt pro Person etwa: 6 g E · 2 g F · 13 g KH 95 kcal/400 kJ · 5 mg Cholesterin · 1 BE

Arbeitszeit: 15 Minuten
Kühlzeit: 1 Stunde

Das Puddingpulver mit 3 Eßlöffeln kalter Milch anrühren. • Die restliche Milch mit dem Salz zum Kochen bringen. Das angerührte Puddingpulver hineingeben und unter Rühren kurz aufkochen lassen. Mit Süßstoff abschmecken. • Das Eiweiß steif schlagen und unter den Pudding heben. • Die Creme in 2 Schälchen füllen und mindestens 1 Stunde kalt stellen. • Mit je 1 Blättchen Zitronenmelisse und 1 Sahnetupfer garnieren und servieren.

Unser Tip: Statt Vanillepuddingpulver können Sie auch einfach die gleiche Menge Speisestärke verwenden. Das Vanillearoma bekommen Sie, wenn Sie ¼ Vanilleschote aufschneiden und in der Milch mitkochen. Es gibt auch Puddingpulver mit anderen Geschmacksrichtungen, zum Beispiel Karamel oder Rum. Diese können Sie wie oben beschrieben zubereiten.

Apfelkompott mit Zimtcreme

im Bild rechts

Zutaten für 2 Personen:
5 g Vanillepuddingpulver
110 ccm Milch (1,5% Fett)
1 Prise Salz · 1 Messerspitze
Zimtpulver · flüssiger Süßstoff
1 Eiweiß · 130 g Apfel ohne
Schale, grob geraspelt

Gelingt leicht

Nährstoffgehalt pro Person etwa: 4 g E · 1 g F · 12 g KH 75 kcal/310 kJ · 5 mg Cholesterin · 1 BE

Arbeitszeit: 15 Minuten
Kühlzeit: 1 Stunde

Das Puddingpulver mit 2 Eßlöffeln kalter Milch anrühren. • Die restliche Milch mit dem Salz zum Kochen bringen. Die Milch von der Kochstelle nehmen, das angerührte Puddingpulver unterrühren und aufkochen lassen. Mit dem Zimtpulver und Süßstoff abschmecken. • Das Eiweiß steif schlagen und unter die Zimtcreme heben. • Den Apfel in 2 Eßlöffeln Wasser etwa 2 Minuten dünsten und Süßstoff dazugeben. • Das Apfelkompott in zwei Schalen verteilen, die Zimtcreme darüber geben und mindestens 1 Stunde kalt stellen. Mit etwas Zimtpulver bestreut servieren.

Unser Tip: Geschälte und zerkleinerte Äpfel werden nicht so schnell braun und trocken, wenn sie mit Zitronensaft beträufelt werden.
Das Apfelkompott bekommt ein feines Aroma, wenn es gleich in trockenem Weißwein gedünstet oder nach dem Zubereiten etwa 2 Teelöffel Calvados hinzugefügt wird. Dann sollte allerdings auch der Alkoholgehalt mit berücksichtigt werden.

Fruchtige Desserts

Sehr erfrischend und kalorienarm

Pfirsich Melba

im Bild links

Zutaten für 2 Personen:
130 g Pfirsich, möglichst
2 Hälften (ohne Zuckerzusatz
und aus der Dose)
170 g rote Johannisbeeren
1 Eßl. trockener Rotwein
flüssiger Süßstoff

Gelingt leicht

Nährstoffgehalt pro Person etwa: 1 g E · 0 g F · 12 g KH
60 kcal/240 kJ · kein Cholesterin · 1 BE

Arbeitszeit: 15 Minuten
Kühlzeit: 1 Stunde

Die Pfirsichhälften abtropfen lassen und je 1 Hälfte mit der Höhlung nach unten in ein Schälchen legen. • Die Johannisbeeren waschen, gut abtropfen lassen und von den Rispen zupfen. Die Beeren im Mixer pürieren und mit dem Rotwein kurz aufkochen lassen. Süßstoff dazugeben und etwa 1 Stunde kalt stellen. • Die Johannisbeersauce über die Pfirsichhälften gießen und servieren.

Buttermilchgelee mit Kirschen

im Bild hinten

Zutaten für 2 Personen:
2½ Blatt rote Gelatine · 100 g
Dunstsauerkirschen, entsteint
250 ccm Buttermilch · 2 Teel.
frisch gepreßter Zitronensaft
flüssiger Süßstoff

Preiswert

Nährstoffgehalt pro Person etwa: 6 g E · 1 g F · 12 g KH
83 kcal/350 kJ · 5 mg Cholesterin · 1 BE

Arbeitszeit: 10 Minuten
Kühlzeit: 1 Stunde

Die Gelatine in kaltem Wasser etwa 4 Minuten einweichen. • Die Dunstkirschen in einem Sieb abtropfen lassen. Etwa 6 Kirschen zum Garnieren beiseite stellen. • Die Buttermilch mit Zitronensaft und Süßstoff verrühren. Die Gelatine ausdrücken und in einem Topf bei mittlerer Hitze auflösen. Die Buttermilch unter ständigem Rühren dazugießen. • Die Kirschen in zwei Glasschälchen füllen und die Buttermilch darüber gießen und etwa 1 Stunde kalt stellen. Das Buttermilchgelee mit den Kirschen garnieren.

Orangenspalten mit Vanillesauce

im Bild rechts

Zutaten für 2 Personen:
5 g Vanillesaucenpulver
110 ccm Milch (1,5% Fett)
flüssiger Süßstoff
2 mittelgroße Orangen (180 g
Orangenspalten) · 1 Teel. frisch
gepreßter Zitronensaft

Gelingt leicht

Nährstoffgehalt pro Person etwa: 3 g E · 1 g F · 12 g KH
65 kcal/280 kJ · 3 mg Cholesterin · 1 BE

Arbeitszeit: 20 Minuten
Kühlzeit: 1¼ Stunden

Das Saucenpulver mit 1 Eßlöffel kalter Milch anrühren. Die restliche Milch zum Kochen bringen, das Saucenpulver hineingeben und unter Rühren einmal aufkochen lassen. Süßstoff hinzufügen und kalt stellen. • Die Orangen schälen, filieren und in zwei Schälchen verteilen. Davon 2 Orangenstückchen beiseite legen. Mit Zitronensaft beträufeln. • Die kalte Vanillesauce darüber gießen und nochmals etwa 10 Minuten kühl stellen. Mit den 2 Orangenstückchen garnieren.

Rhabarbercreme

Rhabarber enthält viele Ballaststoffe

Zutaten für 2 Personen:
2½ Blatt Gelatine
100 g Rhabarber · 200 ccm
Wasser · flüssiger Süßstoff
1 Eiweiß (siehe Seite 110)

Preiswert

Nährstoffgehalt pro Person etwa: 4 g E · 0 g F · 2 g KH 25 kcal/100 kJ · kein Cholesterin · 0 BE

Arbeitszeit: 20 Minuten
Kühlzeit: 1 Stunde und 10 Minuten

Die Gelatine in kaltem Wasser einweichen. • Den Rhabarber waschen, schälen und in etwa 3 cm lange Stücke schneiden. • Das Wasser aufkochen und den Rhabarber darin garen. Süßstoff dazugeben. Die Gelatine ausdrücken und in das noch heiße Rhabarberkompott rühren. Dann etwa 10 Minuten in den Kühlschrank stellen, bis die Masse zu stocken beginnt. • Inzwischen das Eiweiß steif schlagen und unter die Masse heben. • Die Creme in 2 Dessertschalen füllen und etwa 1 Stunde kühl stellen.

Variante: Rhabarberkompott
300 g Rhabarber längs schälen, in etwa 4 cm lange Stücke schneiden und in einen Topf geben. Mit einigen Spritzern flüssigem Süßstoff und 100 ccm Wasser übergießen. Etwa ½ Vanilleschote längs aufschneiden, dazugeben und alles zugedeckt bei schwacher Hitze 15–20 Minuten kochen lassen. Wenn nötig, noch etwas Wasser hinzufügen. Die Vanilleschote entfernen und servieren.

Geleespeise mit Kirschen

Schnell zuzubereiten

Zutaten für 2 Personen:
200 g Sauerkirschen, entsteint
½ Päckchen Götterspeise-Gelee-Pulver (Kirschgeschmack)
¼ l Wasser
½ Teel. flüssiger Süßstoff
2 Tupfer Schlagsahne (siehe Seite 110/111)

Preiswert

Nährstoffgehalt pro Person etwa: 3 g E · 1 g F · 12 g KH 70 kcal/290 kJ · kein Cholesterin · 1 BE

Arbeitszeit: 10 Minuten
Kühlzeit: 2 Stunden

Je 110 g Sauerkirschen in 2 Dessertschalen füllen. Davon 2 Kirschen zum Garnieren beiseite legen. • Die Götterspeise mit dem Wasser nach Vorschrift zubereiten und mit dem flüssigen Süßstoff abschmecken. Die Flüssigkeit über die Früchte gießen. Das Gelee mindestens 2 Stunden kalt stellen. Mit je 1 Kirsche und 1 Sahnetupfer garnieren und servieren.

Unser Tip: Anstelle von frischen Kirschen und Götterspeise-Gelee-Pulver können Sie ebensogut Diabetikerkompott oder Dunstobst und Gelatine verwenden. Nehmen Sie für ¼ l Flüssigkeit 1½ Blatt Gelatine oder 4 g gemahlene Gelatine. Die Gelatine muß vorher immer aufgelöst werden. Blattgelatine in kaltem Wasser einweichen, ausdrücken und in heißer, aber nicht kochender Flüssigkeit auflösen. Gemahlene Gelatine mit wenig kaltem Wasser verrühren, etwa 10 Minuten quellen lassen und unter Rühren bei schwacher Hitze auflösen.

Knusprige Waffeln

Schmecken am besten warm

Zutaten für etwa 6 Waffeln:
50 g Diätmargarine · 2 Eier
1 Prise Salz · 2 Teel. flüssiger
Süßstoff · abgeriebene Schale
von 1 unbehandelten Zitrone
120 g Mehl Type 1050
½ Teel. Backpulver
⅛ l Buttermilch
Für das Waffeleisen (15 cm ∅):
Fett

Braucht etwas Zeit

Nährstoffgehalt für alle Waffeln (etwa 6 Stück) etwa: 32 g E 55 g F · 86 g KH · 970 kcal/ 4070 kJ · 630 mg Cholesterin 6 BE

Nährstoffgehalt von 1 Waffel (etwa 40 g) etwa: 5 g E · 9 g F 14 g KH · 160 kcal/670 kJ 105 mg Cholesterin · 1 BE

Arbeitszeit: 5 Minuten
Ruhezeit: 10 Minuten
Backzeit: 20 Minuten

Die Diätmargarine schaumig schlagen. Die Eier, das Salz, den Süßstoff und die Zitronenschale nacheinander hinzufügen. • Das Mehl mit dem Backpulver mischen, über die Zutaten sieben. Die Buttermilch dazugießen und alles zu einem glatten Teig verrühren. Den Teig etwa 10 Minuten ruhen lassen. • Inzwischen das Waffeleisen vorheizen. • Das Waffeleisen einfetten, Teig einfüllen, verstreichen und goldgelb backen. Der Teig reicht für etwa 6 Füllungen im Waffeleisen.

Unser Tip: Die Waffeln lassen sich gut einfrieren und im Backofen bei 50° oder in der Mikrowelle bei 180 Watt auftauen. Die Waffeln schmecken am besten warm mit heißen Sauerkirschen (Rezept Seite 27) entsprechend der Kohlenhydratverordnung.

Mürbe Torteletts

Können gut vorbereitet werden

Zutaten für 9 Torteletts mit
10 cm Durchmesser:
140 g Mehl Type 1050
¼ Teel. Backpulver
25 g Zucker · ½ Teel. flüssiger
Süßstoff · 1 Prise Salz
1 Ei · 50 g Diätmargarine
Für die Förmchen: Fett

Gelingt leicht

Nährstoffgehalt der ganzen Menge etwa: 23 g E · 49 g F 118 g KH · 1010 kcal/4240 kJ 310 mg Cholesterin · 9 BE

Nährstoffgehalt pro Tortelett etwa: 3 g E · 5 g F · 13 g KH 110 kcal/470 kJ · 35 mg Cholesterin · 1 BE

Arbeitszeit: 15–20 Minuten
Kühlzeit: 1 Stunde
Backzeit: 10 Minuten

Das Mehl und das Backpulver mischen. In die Mitte eine Vertiefung drücken. Den Zucker, den Süßstoff, das Salz und das Ei hineingeben. Die Margarine in Flöckchen auf den Mehlrand geben und schnell verkneten. Etwa 1 Stunde kühl stellen. • Die Tortelettformen ausfetten. Den Teig in 9 gleichmäßige Häufchen teilen. • Den Backofen auf 170° vorheizen. • Jeweils ein Teighäufchen in 1 Tortelettförmchen drücken und im Backofen (unten) etwa 10 Minuten backen. Die Torteletts auskühlen lassen.

Unser Tip: Die Torteletts können Sie mit rohem oder gekochtem Obst belegen. Es genügt ½ BE (beispielsweise 50 g Apfelscheiben, 60 g Mandarinenspalten, 55 g Kiwi oder 100 g frische Erdbeeren). Wer möchte, kann die Torteletts mit einem Guß überziehen. Für 2–4 Torteletts reichen etwa 50 ccm Flüssigkeit (Wasser, Kompottsaft, Zitronensaft, flüssiger Süßstoff). Verwenden Sie zum Dicken Tortenguß oder Johannisbrotkernmehl.

Biskuitrolle mit Erdbeersahne

Macht etwas Mühe, schmeckt aber ausgezeichnet

Zutaten für 1 Biskuitrolle:
Pergamentpapier · Fett
Für den Teig: 4 Eier
4 Eßl. warmes Wasser
50 g Frucht- oder Puderzucker ·
1 Teel. flüssiger Süßstoff · 75 g
Mehl (Type 405) · 45 g
Speisestärke
1 gestrichener Teel. Backpulver
Für die Füllung: 4 Blatt Gelatine
400 g frische Erdbeeren
1 Teel. flüssiger Süßstoff
250 g Sahne (30% Fett)
12 g Frucht- oder Puderzucker
zum Bestäuben

Etwas schwierig

Nährstoffgehalt der Biskuitrolle mit Füllung etwa: 51 g E 110 g F · 184 g KH · 1990 kcal/ 8310 kJ · 1500 mg Cholesterin 15 BE

Nährstoffgehalt pro Stück bei 15 Stück etwa: 3 g E · 7 g F 12 g KH · 130 kcal/540 kJ 100 mg Cholesterin · 1 BE

Arbeitszeit: 30–45 Minuten
Backzeit: 15–20 Minuten
Kühlzeit: 3–4 Stunden

Ein Backblech mit Pergamentpapier auslegen. Das Pergamentpapier einfetten. Den Backofen auf 170° vorheizen. • Die Eier in Eigelbe und Eiweiße trennen. Das Eiweiß mit dem Wasser steif schlagen. Den Zucker unter weiterem Schlagen langsam in den Eischnee rieseln lassen. Die Eigelbe und den Süßstoff vorsichtig unterschlagen. • Das Mehl, die Speisestärke und das Backpulver mischen. Diese Mehlmischung auf die Schaummasse sieben und vorsichtig unterheben. • Den Biskuitteig gleichmäßig auf dem Blech verstreichen und sofort im Backofen (Mitte) in 15–20 Minuten backen. • Den Biskuitteig direkt nach dem Backen auf ein angefeuchtetes Küchentuch stürzen. Das Pergamentpapier mit kaltem Wasser bepinseln und schnell abziehen. • Den Biskuitteig mit dem Geschirrtuch aufrollen und 2–3 Stunden auskühlen lassen. • Für die Füllung die Gelatine 3–4 Minuten in kaltem Wasser einweichen. In wenig Wasser im heißen Wasserbad auflösen. • Die Erdbeeren waschen und gut abtropfen lassen. Etwa ⅓ der Erdbeeren pürieren, die übrigen Erdbeeren je nach Größe vierteln oder achteln. Die aufgelöste Gelatine und den Süßstoff unter das Erdbeermus rühren und kühl stellen. • Die Sahne steif schlagen. Wenn das Erdbeermus anfängt zu stocken, die Sahne und die Erdbeeren unterheben. • Die Biskuitrolle vorsichtig auseinanderrollen und die Erdbeersahne auf dem Biskuit verteilen. Sofort wieder aufrollen und kühl stellen. • Vor dem Servieren die Biskuitrolle mit dem Zucker bestreuen. • Aus der Biskuitrolle lassen sich 15 Stücke zu je 1 BE schneiden.

Variante: Die Biskuitrolle schmeckt auch mit einer Zitronensahnefüllung. Für die Füllung ½ l Wasser mit der abgeriebenen Schale von 1 unbehandelten Zitrone, 4 Eßlöffeln Zitronensaft, 1–1½ Teelöffeln flüssigem Süßstoff aufkochen und kurz aufwallen lassen. Dann 3 Blatt weiße Gelatine in wenig Wasser im heißen Wasserbad auflösen, unter den noch warmen Zitronensaft rühren und kalt stellen. Wenn die Zitronenmasse dicklich wird, ¼ l geschlagene Sahne (30% Fett) leicht unterheben. Die Biskuitrolle füllen und vor dem Servieren mit Zucker bestreuen. Aus der Biskuitrolle lassen sich 13 Stücke zu je 1 BE schneiden.

Feine Obsttorten

Eine kalorienarme Zwischenmahlzeit für den Nachmittag

Himbeertorte

im Bild hinten

Zutaten für 1 Springform mit 26 cm ∅:
Für die Form: Fett
2 Eier · 2 Eßl. warmes Wasser
25 g Zucker · flüssiger Süßstoff ·
30 g Mehl (Type 405)
30 g Speisestärke · ½ Teel. Backpulver · 840 g Himbeeren
1 Päckchen roter Tortenguß
Zitronensaft · ¼ l Wasser

Kalorienarm

Nährstoffgehalt der Torte etwa:
28 g E · 16 g F · 121 g KH
725 kcal/3045 kJ · 630 mg Cholesterin · 10 BE

Nährstoffgehalt pro Stück bei 10 Stück etwa: 3 g E · 2 g F
12 g KH · 70 kcal/295 kJ
60 mg Cholesterin · 1 BE

Arbeitszeit: 30 Minuten
Backzeit: 20–25 Minuten

Den Boden der Form ausfetten oder mit Pergamentpapier auslegen. • Den Backofen auf 170 ° vorheizen. • Die Eier in Eigelbe und Eiweiße trennen. Das Eiweiß mit dem Wasser steif schlagen. Den Zucker unter weiterem Schlagen langsam hineinrieseln lassen. Die Eigelbe und den Süßstoff (½ Teelöffel) vorsichtig unterschlagen. • Das Mehl, die Speisestärke und das Backpulver mischen. Diese Mischung auf die Schaummasse sieben und vorsichtig unterheben. • Den Teig in die Springform füllen. Im Backofen (Mitte) in 20–25 Minuten backen, bis die Oberfläche gebräunt ist. Auskühlen lassen. • Mit den Himbeeren belegen. • Den Tortenguß mit Süßstoff, Zitronensaft und dem Wasser einmal aufkochen lassen. Die Himbeeren damit überziehen. • Aus der Torte lassen sich 10 Stücke zu je 1 BE schneiden.

Rhabarbertorte mit Schneehaube

im Bild vorne

Zutaten für 1 Springform mit 26 cm ∅:
Für die Form: Fett
500 g Rhabarber · 50 g Diätmargarine · 60 g Zucker
1 Teel. flüssiger Süßstoff · 2 Eier
1 Eßl. Rum · 1 Prise Salz · 50 g Magerquark · 140 g Mehl (Type 1050) · 1½ Teel. Backpulver

Preiswert

Nährstoffgehalt der Torte etwa:
40 g E · 56 g F · 167 g KH
1330 kcal/5330 kJ · 630 mg Cholesterin · 12 BE

Nährstoffgehalt pro Stück bei 12 Stück etwa: 3 g E · 5 g F
15 g KH · 110 kcal/460 kJ
50 mg Cholesterin · 1 BE

Arbeitszeit: 35 Minuten
Backzeit: 45–50 Minuten

Die Springform einfetten. Den Backofen auf 170 ° vorheizen. • Den Rhabarber putzen, waschen, abtropfen lassen und in etwa 2 cm große Stückchen schneiden. • Die Diätmargarine mit 35 g Zucker und ½ Teelöffel Süßstoff schaumig rühren. Die Eier in Eigelbe und Eiweiße trennen. Die Eigelbe, den Rum, das Salz und den Quark nacheinander unterrühren. • Das Mehl mit dem Backpulver mischen, dazusieben und unterrühren. Den Teig in die Form füllen und glattstreichen. Die Rhabarberstücke gleichmäßig auf dem Teig verteilen. Den Kuchen im Backofen (Mitte) backen. Nach etwa 40 Minuten das Eiweiß steif schlagen, dabei den restlichen Zucker einrieseln lassen und 3–4 Tropfen Süßstoff hinzufügen. Den Eischnee auf dem heißen Kuchen gleichmäßig verteilen, noch 4–5 Minuten nur bei Oberhitze backen.

Apfelkuchen vom Blech

Schmeckt frisch am besten

Zutaten für 1 Backblech:
Für das Blech: Fett
280 g Mehl (Type 1050)
1 Päckchen Backpulver
150 g Magerquark
60 g Pflanzenöl (6 Eßl.)
6 Eßl. Milch (1,5% Fett)
1–1½ Teel. flüssiger Süßstoff
1 Prise Salz · 1 kg Äpfel
Zimtpulver · 20 g Mandelblätter

Preiswert

Nährstoffgehalt des Kuchens etwa: 62 g E · 81 g F · 317 g KH 2240 kcal/9410 kJ · kein Cholesterin · 24 BE

Nährstoffgehalt pro Stück bei 24 Stück etwa: 4 g E · 3 g F 13 g KH · 90 kcal/390 kJ kein Cholesterin · 1 BE

Arbeitszeit: 45 Minuten
Backzeit: 30 Minuten

Das Backblech einfetten. Den Backofen auf 170° vorheizen. • Das Mehl mit dem Backpulver mischen und auf ein Backbrett sieben. In die Mitte eine Vertiefung drücken und den Quark, das Öl, die Milch, den Süßstoff und das Salz hineingeben. Alle Zutaten zu einem glatten Teig verkneten. • Die Äpfel waschen, schälen, vom Kerngehäuse befreien und in dünne Scheiben schneiden. • Den Teig auf dem Blech gleichmäßig ausrollen. Die Apfelscheiben auf dem Teig verteilen, mit Zimt und den Mandelblättern bestreuen. Den Apfelkuchen im Backofen (Mitte) etwa 30 Minuten backen. • Den Kuchen auskühlen lassen und in 24 gleich große Stücke schneiden.

Unser Tip: Die Hälfte der Zutaten reicht für eine Tortenform mit einem Durchmesser von 26 cm. Der Apfelkuchen läßt sich sehr gut portionsweise einfrieren. Wenn Besuch kommt, können Sie den Kuchen im Backofen bei 50° oder in der Mikrowelle bei 180 Watt auftauen. Warm schmeckt er besonders gut; auch mit Pflaumen statt Äpfeln.

Gefüllte Windbeutel

Schmecken mit süßer und pikanter Füllung

Zutaten für 9 Windbeutel:
Für das Backblech: Fett · Mehl
¼ l Wasser
60 g Diätmargarine
1 Prise Salz · 135 g Mehl (Type 405) · 3 Eier
Für die Füllung: 4 Blatt Gelatine
Saft und Schale von 1 unbehandelten Zitrone
250 g Magerquark
1 Vanilleschote
1½ Teel. flüssiger Süßstoff
100 g Sahne (30% Fett)

Gut vorzubereiten

Nährstoffgehalt aller Windbeutel (ungefüllt) etwa:
35 g E · 68 g F · 100 g KH
1140 kcal/4560 kJ
940 mg Cholesterin · 9 BE

Nährstoffgehalt pro Windbeutel bei 9 Stück (ungefüllt) etwa: 4 g E · 8 g F · 11 g KH
130 g kcal/520 kJ · 105 mg Cholesterin · 1 BE

Nährstoffgehalt für 1 Windbeutel mit Quarkfüllung etwa:
9 g E · 12 g F · 13 g KH
190 kcal/760 kJ
120 mg Cholesterin · 1 BE

Arbeitszeit: 30 Minuten
Backzeit: 30–35 Minuten

Das Backblech einfetten und mit wenig Mehl bestäuben. Den Backofen auf 220° vorheizen. • Das Wasser mit der Diätmargarine und dem Salz aufkochen. Den Topf von der Herdplatte nehmen, das Mehl auf einmal hineinschütten und glattrühren. Den Teig so lange auf der Herdplatte rühren, bis er sich als Kloß vom Boden löst. • Den Teig in eine Schüssel geben und nacheinander die Eier unterrühren. Mit 2 Eßlöffeln 9 gleichgroße Teighäufchen auf das Backblech setzen oder den Teig in einen Spritzbeutel mit großer Sterntülle füllen und 9 Rosetten spritzen. Die Windbeutel im Backofen (Mitte) 30–35 Minuten backen, bis sie goldbraun sind. • Von den Windbeuteln mit einem spitzen Messer oben einen Deckel abschneiden und die Gebäckstücke auskühlen lassen. • Inzwischen für die Füllung die Gelatine 3–4 Minuten in kaltem Wasser einweichen. Dann in wenig Wasser im heißen Wasserbad auflösen. • Den Zitronensaft und die Zitronenschale mit dem Quark vermischen. Die Gelatine schnell unter den Quark rühren. Die Vanilleschote längs aufschlitzen, das Mark herauskratzen. Das Vanillemark mit dem Süßstoff und dem Quark verrühren und kalt stellen. In der Zwischenzeit die Sahne steif schlagen und vorsichtig unter die Quarkmasse heben. • Die Windbeutel mit der Quarkmasse füllen.

Unser Tip: Die Windbeutel lassen sich ohne Füllung gut in einer Dose aufbewahren. Sie können auch mit pikantem Quark gefüllt werden. Dafür den Quark mit Salz und frisch gehackten Kräutern verrühren.

Variante: Für eine Fleischsalatfüllung 60 g Geflügelmortadella und 20 g Gewürzgurke in kleine Würfel schneiden. 1 Eßlöffel saure Sahne (10% Fett) mit Salz, frisch gemahlenem weißen Pfeffer, etwas Senf, Weinessig und 1 Spritzer flüssigem Süßstoff verrühren. Die Sauce über die Zutaten geben, leicht vermengen und etwa ½ Stunde gut durchziehen lassen. Die Windbeutel aufschneiden, mit dem Fleischsalat füllen, mit Petersilienzweigen verzieren und sofort servieren. Der Fleischsalat reicht für 2 Personen. Je 1 gefüllter Windbeutel entspricht 1 BE.

Apfelstrudel

Schmeckt warm am besten

Zutaten für 1 Strudel:
Für das Blech: Fett
150 g Mehl (Type 405)
20 g Sonnenblumenöl (2 Eßl.)
60 ccm lauwarmes Wasser
1 Prise Salz · abgeriebene
Zitronenschale von ½
unbehandelten Zitrone
Für die Füllung: 200 g Äpfel
frisch gepreßter Zitronensaft
200 g Magerquark · Zimtpulver
½–1 Teel. flüssiger Süßstoff
20 g gehackte Mandeln · etwas
Dosenmilch zum Bestreichen

Preiswert

Nährstoffgehalt des Apfelstrudels etwa: 47 g E · 34 g F
142 g KH · 1060 kcal/4240 kJ
kein Cholesterin · 12 BE

Nährstoffgehalt pro Stück bei 12 Stück etwa: 4 g E · 3 g F
12 g KH · 90 kcal/480 kJ
kein Cholesterin · 1 BE

Arbeitszeit: 1 Stunde
Backzeit: 30 Minuten

Das Backblech einfetten. • Das Mehl mit dem Öl, dem Wasser, dem Salz und der Zitronenschale gut verkneten. Den Teig so lange schlagen, bis er glänzt. Dann etwa 30 Minuten bei Zimmertemperatur ruhen lassen. • Inzwischen die Äpfel waschen, schälen, vierteln und vom Kerngehäuse befreien. Die Viertel in dünne Spalten schneiden und mit etwas Zitronensaft beträufeln. • Den Backofen auf 200° vorheizen. • Den Magerquark mit Zitronensaft, etwas Zimtpulver und dem Süßstoff verrühren. Die Apfelspalten und die Mandeln unter den Quark rühren. • Den Teig auf einem bemehlten Tuch ausrollen und nach allen Seiten dünn ausziehen. Die Füllung gleichmäßig darauf verteilen. Den Strudel durch Anheben des Tuches von einer Längsseite her zusammenrollen. Die Enden zusammendrücken. Mit der glatten Seite nach oben auf das Backblech legen und mit Dosenmilch bestreichen. Den Apfelstrudel im Backofen (Mitte) etwa 30 Minuten backen.

Rührkuchen mit Äpfeln und Nüssen

Lassen sich portionsweise einfrieren

Zimt-Apfel-Kuchen

im Bild links

Zutaten für eine Springform mit 20 cm ∅:
Für die Form: Fett
80 g Diätmargarine
50 g Zucker · 2 Eier
80 g grob gemahlene Mandeln
1 Teel. flüssiger Süßstoff
1 Prise Salz · 100 g Mehl (Type 1050) · ½ Teel. Backpulver
½ Teel. Zimt · 1 Teel. Kakaopulver · 2–3 Eßl. Mineralwasser
100 g rohe Apfelscheiben

Für Ungeübte

Nährstoffgehalt der Torte etwa: 42 g E · 122 g F · 137 g KH 1830 kcal/7670 kJ · 630 mg Cholesterin · 10 BE

Nährstoffgehalt pro Stück bei 10 Stück etwa: 4 g E · 12 g F 14 g KH · 180 kcal/720 kJ 60 mg Cholesterin · 1 BE

Arbeitszeit: 20 Minuten
Backzeit: 40 Minuten

Die Springform einfetten. • Die Diätmargarine mit dem Zucker schaumig rühren. Die Eier nacheinander hinzufügen. Die Mandeln, den Süßstoff und das Salz unterrühren. • Den Backofen auf 170° vorheizen. • Das Mehl mit dem Backpulver, dem Zimt und dem Kakao mischen, über den Teig sieben und verrühren. Eventuell noch das Mineralwasser dazugeben. Die rohen Apfelscheiben vorsichtig unterheben. Den Teig in die Form füllen, glattstreichen und im Backofen (Mitte) etwa 40 Minuten backen. • Den Kuchen auskühlen lassen und in 10 gleich große Stücke schneiden.

Unser Tip: Die Torte läßt sich portionsweise gut einfrieren.

Nußkuchen

im Bild rechts

Zutaten für 1 Kastenform von 26 cm Länge:
Für die Form: Fett
80 g Diätmargarine
60 g Zucker
2 Eier · 1 Prise Salz
1 Teel. flüssiger Süßstoff
1–2 Tropfen Bittermandelöl
1 Eßl. Rum
80 g grob gemahlene Nüsse
2–3 Eßl. Mineralwasser
200 g Mehl (Type 1050)
½ Päckchen Backpulver

Gelingt leicht

Nährstoffgehalt des Kuchens etwa: 47 g E · 129 g F · 203 g KH · 2200 kcal/9240 kJ 630 mg Cholesterin · 15 BE

Nährstoffgehalt pro Stück bei 15 Stück etwa: 3 g E · 9 g F 14 g KH · 150 kcal/620 kJ 40 mg Cholesterin · 1 BE

Arbeitszeit: 15–20 Minuten
Backzeit: 40 Minuten

Die Kastenform einfetten. • Den Backofen auf 170° vorheizen. • Die Diätmargarine mit dem Zucker schaumig rühren. Die Eier nacheinander unterrühren. Das Salz, den Süßstoff, das Bittermandelöl und den Rum hinzufügen. Die Nüsse und das Mineralwasser unterrühren. • Das Mehl mit dem Backpulver mischen, über den Teig sieben und unterrühren. Den Teig in eine gefettete Form füllen, glattstreichen und im Backofen etwa 40 Minuten backen. • Den Nußkuchen in 15 Stücke schneiden zu je 35 g.

Unser Tip: Der Kuchen läßt sich portionsweise (je nach Kohlenhydratverordnung 1–2 BE) gut einfrieren.

Feines Backwerk

Aus Rührteig oder Quarkblätterteig

Kirschkuchen

im Bild hinten

Zutaten für 1 Springform mit 20 cm ∅:
Für die Form: Fett
50 g Diätmargarine
50 g Zucker
1 Ei · 1 Prise Salz
100 g Weizenschrotmehl (Type 1700) · 1½ gestrichene Teel. Backpulver
20 g geschroteter Leinsamen
50 g grob gemahlene Mandeln
2–3 Eßl. Mineralwasser · 330 g frische Sauerkirschen (tiefgefroren oder Dunstkirschen)
10 g Mandelsplitter

Gelingt leicht

Nährstoffgehalt des Kuchens etwa: 38 g E · 89 g F · 152 g KH
1605 kcal/6720 kJ
314 mg Cholesterin · 12 BE

Nährstoffgehalt pro Stück bei 12 Stück etwa: 3 g E · 7 g F
13 g KH · 130 kcal/545 kJ
26 mg Cholesterin · 1 BE

Arbeitszeit: 15 Minuten
Backzeit: 50 Minuten

Die Form einfetten. • Die Diätmargarine mit dem Zucker schaumig rühren. Das Ei und das Salz hinzufügen. Das Weizenschrotmehl mit dem Backpulver vermischen und zusammen mit dem Leinsamen und den Mandeln unterrühren. Eventuell 2–3 Eßl. Mineralwasser dazugeben. • Den Backofen auf 170° vorheizen. Den Teig in die Form geben und glattstreichen. • Die Kirschen waschen, abtropfen lassen und entsteinen. Tiefgefrorene Kirschen auftauen und Dunstkirschen abtropfen lassen. Die Kirschen auf dem Teig verteilen. Mit den Mandelsplittern bestreuen und im Backofen etwa 50 Minuten backen. Den Kuchen auskühlen lassen und in 12 gleich große Stücke schneiden.

Süßes Blätterteiggebäck

im Bild vorne

Zutaten für 10 Stück:
150 g Mehl (Type 405)
1½ gestrichene Teel. Backpulver · 150 g Magerquark
75 g Butter · 10 Teel. kalorienreduzierte Marmelade oder 1 kleines Stückchen frisches Obst
Zum Bestreichen: 1 Ei

Braucht etwas Zeit

Nährstoffgehalt für 10 Stück etwa: 37 g E · 64 g F · 115 g KH
1185 kcal/4975 kJ · 182 mg Cholesterin · 10 BE

Nährstoffgehalt pro Stück bei 10 Stück etwa: 4 g E · 6 g F
12 g KH · 120 kcal/505 kJ
18 mg Cholesterin · 1 BE

Arbeitszeit: 1½ Stunden
Ruhezeit: 12–24 Stunden
Backzeit: 15 Minuten

Das Mehl mit dem Backpulver vermischen. In die Mitte eine Vertiefung drücken. Den Quark in die Mitte geben. Die Butter stückchenweise darauf verteilen. Alle Zutaten schnell zu einem glatten Teig verkneten und 12–24 Stunden kühl stellen. Dabei den Teig alle 2 Stunden etwa ½ cm dick ausrollen, 3- bis 4fach übereinander schlagen und wieder kühl stellen. Je öfter der Vorgang wiederholt wird, desto lockerer wird das Gebäck. • Den Backofen auf 250° vorheizen. • Den Teig in 10 gleich große Teile teilen (etwa 35 g = 1 BE) und zu Quadraten ausrollen. Mit je 1 Teelöffel der Marmelade oder mit dem Obst füllen. • Das Ei verquirlen. Die Teigränder damit bestreichen. Die Quadrate zusammenklappen und die Ränder gut festdrücken. Die Teigtaschen auf ein mit Wasser abgespülte Blech setzen und im Backofen (oben) in etwa 15 Minuten backen.

Pikante Kuchen

Aus Quarkölteig zubereitet

Zwiebel-Lauch-Kuchen

im Bild links

Zutaten für 1 Springform mit 26 cm ∅:
Für die Form: Fett
20 g durchwachsener Speck
400 g Zwiebeln · 200 g Lauch
1 Eßl. Maiskeimöl · 120 g Mehl (Type 1050) · 1½ gestrichene Teel. Backpulver · 60 g Magerquark · 2 Eßl. Maiskeimöl
2 Eßl. Milch (1,5% Fett) · Salz
1 Ei · 2 Eßl. saure Sahne (10% Fett) · 2 Eßl. Joghurt (1,5% Fett) · Pfeffer

Ballaststoffreich

Nährstoffgehalt pro Person etwa: 22 g E · 26 g F · 59 g KH
560 kcal/2345 kJ · 164 mg Cholesterin · 3 BE

Arbeitszeit: 30–40 Minuten
Backzeit: 30 Minuten

Die Springform einfetten. • Den Speck in Würfel schneiden. Die Zwiebeln halbieren und in Ringe schneiden. Den Lauch putzen, waschen und in Scheiben schneiden. • Die Speckwürfel ausbraten, das Öl hinzufügen und erhitzen. Die Zwiebeln und den Lauch darin glasig dünsten, abkühlen lassen. • Für den Teig das Mehl, das Backpulver, den Quark, das Öl, die Milch und Salz mischen und zu einem glatten Teig verkneten. Die Form mit dem Teig auslegen. • Den Backofen auf 225° vorheizen. • Die Zwiebel-Lauch-Masse daraufgeben. • Das Ei mit der sauren Sahne und dem Joghurt verquirlen. Mit Salz und Pfeffer würzen und darüber gießen. Im Backofen (Mitte) in etwa 30 Minuten fertigbacken. • In 2 gleich große Stücke schneiden und warm servieren.

Pizza mit Paprika und Champignons

im Bild rechts

Zutaten für 2 Personen:
Für das Blech: Fett
400 g Tomaten · 200 g rote und grüne Paprikaschoten · 100 g Zwiebeln · 300 g Champignons
120 g Mehl (Type 1050)
1½ gestrichene Teel. Backpulver · 60 g Magerquark
2 Eßl. Maiskeimöl · 2 Eßl. Milch (1,5% Fett) · Salz · 80 g Tomatenmark · Basilikum
Oregano · Pfeffer · 160 g Käse (30% Fett i. Tr.), frisch gerieben

Ballaststoffreich

Nährstoffgehalt pro Person etwa: 41 g E · 26 g F · 58 g KH
640 kcal/2680 kJ
40 mg Cholesterin · 3 BE

Arbeitszeit: 30–40 Minuten
Backzeit: 30 Minuten

Das Blech einfetten. • Die Tomaten häuten, halbieren, Saft und Kerne herausnehmen und das Fruchtfleisch in Streifen schneiden. Die Paprikaschoten waschen, halbieren, von den Kernen und den weißen Rippen befreien und in Streifen schneiden. Die Paprikastreifen kurz blanchieren. Die Zwiebeln in Ringe schneiden. Die Champignons putzen und in Scheiben schneiden. • Für den Teig das Mehl, das Backpulver, den Quark, das Öl, die Milch und Salz verkneten. • Den Backofen auf 225° vorheizen. • Den Teig auf dem Backblech ausrollen. Mit dem Tomatenmark bestreichen, mit den Tomaten- und Paprikastreifen, Champignonscheiben und Zwiebelringen belegen. Mit Basilikum, Oregano, Salz und Pfeffer würzen. Mit dem Käse bestreuen. • Im Backofen (Mitte) in etwa 30 Minuten backen. • Die Pizza in 2 gleich große Stücke schneiden, zu je 3 BE.

Schrotbrot mit Kümmel und Anis

Schmeckt auch mit Koriander oder Fenchel

Zutaten für 1 Kastenform von 30 cm Länge:
Für die Form: Fett
300 g Roggenmehl (Type 997)
200 g Weizenschrot (Type 1700) · 10 g Salz
15 g Trockensauerteig
12 g Trockenhefe
325 g lauwarmes Wasser
2 Teel. Kümmel
½–1 Teel. Anis
2 Teel. Dosenmilch

Ballaststoffreich

Nährstoffgehalt für 1 Brot etwa: 45 g E · 7 g F · 315 g KH 1510 kcal/6040 kJ · kein Cholesterin · 25 BE

Nährstoffgehalt pro Scheibe (30 g) etwa: 2 g E · 0 g F 13 g KH · 60 kcal/240 kJ kein Cholesterin · 1 BE

Arbeitszeit: 15 Minuten
Zeit zum Gehenlassen: 1½ Stunden
Backzeit: 50 Minuten

Die Kastenform fetten. • Das Roggenmehl mit dem Weizenschrot, dem Salz, dem Trockensauerteig und der Trockenhefe gut vermischen. Das Wasser dazugießen. Alle Zutaten in 8–10 Minuten zu einem glatten Teig verkneten. Den Teig zugedeckt etwa 1 Stunde bei Zimmertemperatur gehen lassen, bis sich auf der Oberfläche Risse zeigen. • Den Kümmel und den Anis dazugeben und den Teig durchkneten. • Daraus eine Rolle formen und in die Form legen. Die Teigoberfläche kreuzweise einschneiden. • Den Teig noch einmal etwa ½ Stunde gehen lassen. • Den Backofen auf 200° vorheizen. • Den Teig mit der Dosenmilch bestreichen und im Backofen (unten) in etwa 50 Minuten backen. In den Ofen eine flache Schale mit kaltem Wasser stellen. Das Brot auskühlen lassen.

Unser Tip: Alle Zutaten sollten Zimmertemperatur haben. Sehr gut schmeckt das Brot auch mit Kräutern.

Beliebte Erfrischungs-Getränke

Löschen gut den Durst

Zitronentee

im Bild links

Zutaten für 5 Gläser:
110 ccm frisch gepreßter
Zitronensaft · ½ l Wasser
2 Beutel Pfefferminztee
flüssiger Süßstoff
½ l kaltes Mineralwasser
einige frische Minzeblätter

Preiswert

Nährstoffgehalt pro Glas etwa: 0 g E · 0 g F · 2 g KH · 10 kcal/ 40 kJ · kein Cholesterin · 0 BE

Arbeitszeit: 10 Minuten
Kühlzeit: 2 Stunden

Den Zitronensaft mit 4 Eßlöffeln Wasser verdünnen und im Eisfach zu Würfeln gefrieren lassen. • Das restliche Wasser zum Kochen bringen. Die Teebeutel mit dem Wasser übergießen. Etwa 5 Minuten ziehen lassen, die Beutel herausnehmen und den Tee abkühlen lassen. Mindestens 2 Stunden in den Kühlschrank stellen. • Die Zitronensaftwürfel auf 5 Gläser verteilen. Den Tee darüber gießen und mit kaltem Mineralwasser auffüllen. Mit Minzeblättern servieren.

Eiskaffee

im Bild vorne

Zutaten für 2 Personen:
400 ccm Wasser · 2–4 gehäufte
Teel. lösliches Kaffeepulver
3 gehäufte Teel. lösliches
Kakaopulver (stark entölt)
flüssiger Süßstoff
8–10 Eiswürfel · 2 Strohhalme

Gelingt leicht

Nährstoffgehalt pro Person etwa: 4 g E · 2 g F · 3 g KH 50 kcal/200 kJ · kein Cholesterin · 0 BE

Arbeitszeit: 10 Minuten

Das Wasser aufkochen und über das Kaffeepulver gießen. Das Kakaopulver dazugeben, gut verrühren, mit etwas Süßstoff abschmecken und abkühlen lassen. • Die Eiswürfel in zwei hohe Gläser verteilen und die Flüssigkeit darüber gießen.

Gurkenbowle

im Bild rechts

Zutaten für 6 Personen:
1 Salatgurke (500–600 g)
100 ccm frisch gepreßter
Zitronensaft
flüssiger Süßstoff
2 l kalter trockener Weißwein
700 ccm kalter Diabetiker-Sekt

Gelingt leicht

Nährstoffgehalt pro Person etwa: 1 g E · 0 g F · 7 g KH 43 g Alkohol · 330 kcal/1380 kJ kein Cholesterin · 0 BE

Arbeitszeit: 10 Minuten
Kühlzeit: 1 Stunde

Die Gurke schälen und in dünne Scheiben hobeln. • Die Gurkenscheiben in ein Bowlengefäß geben, den Zitronensaft und einige Spritzer Süßstoff dazugeben. Den Weißwein – gut gekühlt – darüber gießen. Die Bowle zugedeckt mindestens 1 Stunde im Kühlschrank ziehen lassen. Vor dem Servieren den gut gekühlten Sekt dazugießen. Eventuell noch einmal mit Süßstoff abschmecken.

Unser Tip: Wenn Sie kohlensäurearmes Mineralwasser mit farbintensiven Säften mischen, bringen Sie Farbe in Ihr Getränkeangebot und bieten einmal etwas anderes als blasse Eiswürfel.

Spritzige Bowlen

Gut gekühlt schmecken sie am besten

Kalte Ente

im Bild links

Zutaten für 6 Personen:
2 l trockener Weißwein
700 ccm Diabetiker-Sekt
1 unbehandelte Zitrone

Gelingt leicht

Nährstoffgehalt pro Person etwa: 0 g E · 0 g F · 3 g KH
42 g Alkohol · 310 kcal/1300 kJ
kein Cholesterin · 0 BE

Arbeitszeit: 10 Minuten
Kühlzeit: 15–20 Minuten

Den Wein und den Sekt kalt stellen. Den Wein in ein Bowlengefäß gießen. • Die Zitrone mit heißem Wasser gründlich waschen und abtrocknen. Mit einem scharfen Messer die Zitronenschale spiralförmig sehr dünn abschälen. In den Weißwein legen, etwa 15 Minuten darin liegen lassen und kühl stellen. Die Zitronenschale entfernen, den Sekt dazugießen und die Bowle servieren.

Erdbeeren mit Sekt

im Bild Mitte

Zutaten für 2 Personen:
200 g frische oder tiefgefrorene Erdbeeren · 2–4 Spritzer flüssiger Süßstoff · 400 ccm Diabetiker-Sekt

Schnell

Nährstoffgehalt pro Person etwa: 1 g E · 0 g F · 7 g KH
22 g Alkohol · 185 kcal/775 kJ
kein Cholesterin · ½ BE

Arbeitszeit: 10 Minuten

Die Erdbeeren waschen, entstielen, eventuell halbieren oder vierteln und gleichmäßig in zwei große Bowlengläser verteilen. Die tiefgefrorenen Erdbeeren vorher auftauen lassen. Eventuell den Süßstoff dazugeben. Den Diabetiker-Sekt – gut gekühlt – darüber gießen, einige Minuten ziehen lassen und servieren.

Waldmeisterbowle

im Bild rechts

Zutaten für 6 Personen:
1 Sträußchen Waldmeister
2 l trockener Weißwein
flüssiger Süßstoff · 700 ccm Diabetiker-Sekt

Gelingt leicht

Nährstoffgehalt pro Person etwa: 0 g E · 0 g F · 3 g KH
42 g Alkohol · 310 kcal/1300 kJ
kein Cholesterin · 0 BE

Arbeitszeit: 10 Minuten
Kühlzeit: 1½ Stunden

Den Waldmeister von den Blüten befreien, waschen und abtropfen lassen. • Den Wein in ein Bowlengefäß gießen und einige Spritzer Süßstoff dazugeben. Das Waldmeistersträußchen zusammenbinden und an einem Faden gerade so tief in den Wein hängen, daß nur die Blätter vom Wein umspült werden. Zudecken und bei Zimmertemperatur etwa 30 Minuten ziehen lassen. Den Waldmeister entfernen. • Die Bowle etwa 1 Stunde kalt stellen. Vor dem Servieren mit dem Sekt auffüllen.

Unser Tip: Lassen Sie kohlensäurearmes Mineral- oder Heilwasser zu Würfeln erstarren. So ist es kein Problem mehr, wenn ein Drink lange steht und das Eis sich in seine ursprüngliche Form zurückverwandelt. Legen Sie in jede Würfelform, bevor Sie Wasser dazugeben, 1 Blättchen Zitronenmelisse, gehackte frische Minze, 1 Beere, 1 Olive oder 1 Stück Zitrone. So haben Sie Dekoration und Kühlung in einem.

Fruchtige Brotaufstriche

Selbstgemacht schmecken sie am besten

Erdbeer-Rhabarber-Marmelade

im Bild links

Zutaten für 4 Gläser:
700 g Erdbeeren (entstielt)
700 g roter Rhabarber (geputzt)
500 g Diät-Gelierfruchtzucker

Nährstoffgehalt für 40 g etwa: 0 g E · 0 g F · 12 g KH · 50 kcal/ 210 kJ · kein Cholesterin · 1 BE

Arbeitszeit: 25 Minuten

Die Marmeladengläser und die Twist-off-Deckel heiß waschen und abtropfen lassen. • Die Erdbeeren in einem Sieb kurz waschen, abtropfen lassen und je nach Größe kleinschneiden. Den Rhabarber in etwa 1 cm lange Stücke schneiden. • Die Obststücke in einem Topf mit dem Diät-Gelierfruchtzukker unter Rühren zum Kochen bringen. Etwa 3–4 Minuten sprudelnd kochen lassen. • Die heiße Marmelade sofort in die Gläser füllen. Verschließen, sofort umdrehen und etwa 5 Minuten auf dem Deckel stehen lassen. Die Marmelade abkühlen lassen und kühl stellen.

Aprikosenmarmelade

im Bild Mitte

Zutaten für 4 Gläser:
1400 g entsteinte Aprikosen
500 g Diät-Gelierfruchtzucker
5 g Zitronensäure · Saft von
1 Zitrone

Nährstoffgehalt für 35 g etwa: 0 g E · 0 g F · 12 g KH · 50 kcal/ 210 kJ · kein Cholesterin · 1 BE

Arbeitszeit: 25 Minuten

Die Marmeladengläser und die Twist-off-Deckel heiß waschen und abtropfen lassen. • Die Aprikosen in große Würfel schneiden. Die Aprikosenstücke in einem Topf mit dem Diät-Gelierfruchtzucker und der Zitronensäure unter Rühren zum Kochen bringen. Etwa 3–4 Minuten sprudelnd kochen lassen. • Den Zitronensaft unter die heiße Marmelade rühren und die Marmelade sofort in die Gläser füllen. Verschließen, sofort umdrehen und etwa 5 Minuten auf dem Deckel stehen lassen. Die Marmelade abkühlen lassen und kühl stellen.

Gemischte Beerenmarmelade

im Bild rechts

Zutaten für 2–3 Gläser:
250 g rote Johannisbeeren
(entstielt) · 250 g schwarze
Johannisbeeren (entstielt)
250 g Himbeeren
250 g Brombeeren
250 g Fruchtzucker
1 Beutel Diät-Gelierpulver
10 g Zitronensäure

Nährstoffgehalt für 40 g etwa: 0 g E · 0 g F · 12 g KH · 50 kcal/ 210 kJ · kein Cholesterin · 1 BE

Arbeitszeit: 30–40 Minuten

Die Marmeladengläser und die Twist-off-Deckel heiß waschen und abtropfen lassen. • Die Johannisbeeren waschen und abtropfen lassen. Die Himbeeren und Brombeeren verlesen. • Die Früchte in einen Topf geben. Den Fruchtzucker, das Gelierpulver und die Zitronensäure vermischen und unter die Früchte rühren. Die Beerenmischung zum Kochen bringen und etwa 2 Minuten sprudelnd kochen lassen. • Die heiße Marmelade sofort in die Gläser füllen, verschließen, sofort umdrehen und etwa 5 Minuten auf dem Deckel stehen lassen. Die Marmelade abkühlen lassen und kühl stellen.

Pikante, würzige Saucen

Passen sehr gut zu gegrilltem Fleisch

Mangochutney

im Bild links

Zutaten für 1 Glas:
270 g Mango · 1 kleine Zwiebel
¼ Teel. Ingwerpulver
1 Teel. gemahlener Piment
2–3 Messerspitzen Senfpulver
¼ Teel. Salz · 5 Eßl. Weinessig
1 Teel. Currypulver · flüssiger Süßstoff

Etwas teuer

Nährstoffgehalt für die ganze Menge etwa: 2 g E · 1 g F 36 g KH · 165 kcal/690 kJ · kein Cholesterin · 3 BE

Nährstoffgehalt für 20 g (1 Eßl.) etwa: 0 g E · 0 g F · 3 g KH 10 kcal/40 kJ · kein Cholesterin ¼ BE

Arbeitszeit: 25 Minuten
Garzeit: 20 Minuten

Die Mango mit einer Gabel mehrmals einstechen, mit kochendheißem Wasser überbrühen, abtropfen lassen und die Haut abziehen. Die Mango halbieren, vom Stein befreien. • Das Fruchtfleisch und die Zwiebel klein würfeln. Die Mango- und Zwiebelwürfel in einem Topf mit dem Ingwerpulver, dem Piment, dem Senfpulver, dem Salz und dem Essig vermischen. Bei schwacher Hitze unter Rühren etwa 20 Minuten einkochen lassen. • Das Chutney mit dem Currypulver und Süßstoff würzen. • Ein Schraubglas heiß ausspülen. Mit dem Chutney füllen, verschließen und abkühlen lassen. • Das Mangochutney ist im Kühlschrank etwa 1 Monat haltbar. Dazu passen gegrilltes Kalbfleisch und Geflügel.

Paprika-Tomaten-Relish

im Bild rechts

Zutaten für 2 Gläser:
je ½ rote und grüne Paprikaschote · 250 g reife Tomaten
1 mittelgroße Zwiebel
1 Knoblauchzehe · ½ Teel. Salz
100 bis 125 ccm Weinessig
½ Teel. Paprikapulver, edelsüß
½ Teel. Senfpulver
½ Teel. Ingwerpulver
flüssiger Süßstoff

Preiswert

Nährstoffgehalt der ganzen Menge etwa: 10 g E · 2 g F 33 g KH · 190 kcal/800 kJ · kein Cholesterin · 0 BE

Nährstoffgehalt für 25 g (1 Eßl.) etwa: 1 g E · 0 g F · 2 g KH 10 kcal/40 kJ · kein Cholesterin 0 BE

Arbeitszeit: 20 Minuten
Garzeit: 30–40 Minuten

Die Paprikaschoten halbieren, von den Kernen und den weißen Rippen befreien, waschen und in kleine Würfel schneiden. Die Tomaten häuten und in große Würfel schneiden. Die Zwiebel und die Knoblauchzehe schälen und würfeln. Die Knoblauchwürfel mit dem Salz zerdrücken. • Die Paprika-, Tomaten- und Zwiebelwürfel in einen Topf geben. Mit dem Essig, dem Paprika-, dem Senf- und dem Ingwerpulver, dem Knoblauch-Salzgemisch und eventuell Süßstoff verrühren. Alles bei schwacher Hitze 30–40 Minuten kochen lassen, bis der größte Teil der Flüssigkeit verdampft ist. • Inzwischen die Gläser heiß ausspülen. Das Relish in die Gläser füllen. Verschließen, abkühlen lassen und kühl stellen. • Das Relish ist im Kühlschrank etwa 1 Monat haltbar. Dazu paßt gegrilltes Fleisch.

Zum Nachschlagen

Bindemittel
Mit Hilfe von Bindemitteln wie beispielsweise Johannisbrotkernmehl oder Guarkernmehl werden Flüssigkeiten sämig gemacht. Johannisbrotkern- oder Guarkernmehl wird in die heiße Flüssigkeit eingerührt und sollte einmal aufwallen.
Wichtig: Diese Bindemittel können Sie ohne Berechnung verwenden.

Blanchieren
Geputztes und zerkleinertes Gemüse oder Obst wird für einige Minuten in kochendes Wasser getaucht – am besten in einem Sieb. Die Blanchierzeit beginnt, wenn das Wasser wieder kocht. So vorbereitetes Obst oder Gemüse behält die Farbe und läßt sich leichter weiterverarbeiten.

Braten
Braten ist Garen in heißem Fett, wobei das Bratgut rundum bräunt. Fleischscheiben oder Eiergerichte können Sie in einer Bratpfanne braten. Die Hitzeeinwirkung von unten genügt dabei. Kleine Fleischstücke und kleine Geflügelteile können Sie in einem Bratentopf oder in einer Deckelpfanne mit Kunststoffbeschichtung auf der Herdplatte garen. Große Braten gelingen am besten im Backofen. Sie werden auf dem Rost über der Fettpfanne gebraten.

Diätwaage
Jeder Diabetiker braucht eine Diätwaage. Sie sollte eine 5-Gramm-Einteilung haben. Für kleinere Mengen reichen spezielle Meßlöffel.
Lernen Sie die Mengen einzuschätzen. Dazu wiegen Sie die Lebensmittel zu Anfang immer genau mit Hilfe einer Diätwaage ab. Später brauchen Sie dann nur noch stichprobenweise nachzuwiegen, um Ihr Augenmaß zu kontrollieren. Für kleine Mengen gibt es spezielle Meßlöffel.

Diätobstkonserven
Sie werden von verschiedenen Firmen hergestellt und können in Lebensmittelgeschäften, Supermärkten und Reformhäusern gekauft werden. Gesüßt werden sie mit Süßstoff oder Zuckeraustauschstoffen. Auf dem Etikett finden Sie Nährwertangaben, die Sie zur Berechnung brauchen.

Dunstkonserven
Sämtliche Obstkonserven der Gruppe Kompottkonserven werden auch als Dunstobstkonserven hergestellt. Sie enthalten keinen Zucker und werden nur mit Wasser hergestellt. Solche Konserven müssen als »Dunstobst« deklariert werden. Berechnen sollten Sie Dunstobst wie frisches Obst.

Cholesterinarmes Eipulver
Eignet sich für Rührei, Aufläufe, Hackfleisch und zum Backen, wenn Sie auf Eier verzichten müssen (wenn der Cholesterinspiegel erhöht ist). Dieses Produkt wird von verschiedenen Firmen angeboten. Die genauen Produktnamen finden Sie auf Seite 120.

Eischnee
Eischnee ist Eiweiß, das mit dem Schneebesen oder Handrührgerät zu steifem Schaum geschlagen wird. Es wird besonders steif, wenn Sie gleich 1 Prise Salz und 1 Eßlöffel kaltes Wasser mitschlagen. Speisen mit rohem Eiweiß sollten aus hygienischen Gründen am Tag der Herstellung verzehrt werden.

Fleisch- oder Knochenbrühe
Die Brühe können Sie gut selbst zubereiten. Geben Sie dafür das Fleisch und Suppengemüse in kaltes Wasser und bringen Sie es zum Kochen. Dann bei schwacher Hitze mindestens 1 Stunde kochen lassen, damit sich alle Inhaltsstoffe des Fleisches lösen und in die Brühe übergehen. Auf die gleiche Weise können Sie Geflügel-, Knochen- und Gemüsebrühe herstellen. Brühen werden entfettet, wenn sie abgekühlt sind. Die Fettschicht läßt sich dann gut abheben. Statt die Brühe selbst zu kochen, können Sie auch Brühwürfel (nicht fette), gekörnte Brühe, Fleischextrakt oder Instant-Brühe verwenden.

Folien
Verschiedene dünne, durchsichtige oder undurchsichtige Folien aus Aluminium oder Kunststoff können Sie zum Garen, Verpakken, Abdecken oder Einfrieren verwenden. Die Klarsichtfolie – auch Kunststoffbeutel – eignen sich zum Frischhalten und Aufbewahren. Je nach Materialstärke lassen sie sich auch zum Einfrieren verwenden. Wichtig: Nur Kunststoffe für Lebensmittel verwenden, die auch wirklich für Lebensmittel geeignet sind.
Die Alufolie gibt es ebenfalls in zwei verschiedenen Stärken – die zum Garen und Aufbewahren sowie die zum Einfrieren.
Zum Garen in Alufolie sollten Sie die Folie sorgfältig um das Gargut legen und an allen Seiten einige Male falten, damit die Garflüssigkeit erhalten bleibt.
Das Garen in der Bratfolie ist für kleine Portionen geeignet, da sich die Hitze um das Gargut verteilt. Ein weiterer Vorteil ist, daß der Backofen sauber bleibt. Bevor Sie die Bratfolie samt Inhalt in den Backofen geben, sollten Sie die Oberseite einige Male einstechen. Die Bratfolie sollten Sie auf den kalten Rost legen und in den vorgeheizten Ofen schieben.

Fruchtzucker
Fruchtzucker ist ein Zuckerersatzstoff, der für Diabetiker geeignet ist. Wichtig: Fruchtzucker müssen Sie in die Kohlenhydrat- und Kalorienberechnung miteinbeziehen. 12 g Fruchtzucker entsprechen 1 BE.

Gelatine
Speisegelatine ist ein Geliermittel für Aspik, Sülzen, Gelee- und Cremespeisen. Blattgelatine sollte in kaltem Wasser einige Minuten eingeweicht werden. Ausdrücken und in wenig heißem Wasser, Saft oder Brühe im heißen Wasserbad oder bei schwacher Hitze auflösen; nicht in kochender Flüssigkeit auflösen.
Gemahlene Gelatine etwa 10 Minuten in wenig kaltem Wasser quellen lassen. Unter Rühren bei schwacher Hitze auflösen. Aufgelöste Gelatine nur tropfenweise unter schnellem Rühren unter die Speise schlagen.

Grillen
Beim Grillen wird durch Strahlungshitze gegart. Gegart wird am Spieß oder auf dem Rost.

Kochfett
Zum Kochen oder Braten sollten Sie nur hochwertige Pflanzenmargarine oder Pflanzenöl wie beispielsweise Olivenöl, Raps-, Soja-, Maiskeim- oder Sonnenblumenöl verwenden.

Marinade
Eine Marinade ist eine Mischung aus Öl, Essig oder Zitronensaft, Wasser, Gewürzen und Kräutern. Als Salatsauce für rohes und gekochtes Gemüse geeignet.

Reis
Es gibt Langkornreis und Rundkornreis, geschält oder ungeschält. Weißer Reis ist poliert und frei von dem nährstoffreichen Silberhäutchen. Natur-, Vollkorn- oder Braunreis ist ungeschält und enthält noch das Silberhäutchen und den Keimling. Dieser Reis ist vitamin-, mineralstoff- und ballaststoffreich. Die Garzeit ist allerdings länger als beim weißen Reis. Den gelblichen »parboiled« Reis gibt es ebenfalls als Langkornreis zu kaufen. Durch ein spezielles Druckdampf-Verfahren bleiben die Nährstoffe erhalten.
Aus Rundkornreis können Sie Milchreis und Risotto zubereiten, da die Körner sich besser mit der Flüssigkeit verbinden.

Schlagsahne
Schlagsahne läßt sich nicht in den kleinen Mengen steif schlagen, die Sie für 1–2 Tupfer brauchen. Deshalb sollten Sie gleich 100 g Sahne mit einer Messerspitze Bindemittel (siehe dort) steif schlagen. Dann in einen Spritzbeutel mit Tülle füllen. Ein Backblech mit Alufolie auslegen und kleine Tupfer darauf spritzen. Die Sahnetupfer mehrere Stunden in das Gefriergerät oder in das Gefrierfach des Kühlschrankes geben. Die Sahnetupfer in eine Plastikdose umfüllen, sie lassen sich einige Wochen im Gefriergerät aufbewahren. In den Kühlregalen der Supermärkte gibt es aber auch Sprühsahne, die mit Süßstoff gesüßt ist. Wenn es schnell gehen soll, ist dies eine gute Alternative.

Sorbit
Sorbit ist ein kalorienhaltiger Zuckeraustauschstoff. Im Handel ist Sorbit als »Diabetikerzucker« oder »Diabetiker-Süße« erhältlich.

Streichfett
Wählen Sie in erster Linie Margarinesorten mit einem hohen Anteil an mehrfach ungesättigten Fettsäuren, der über 50% liegt (Diätmargarine).

Süßstoff
Süßstoffe sind energiefreie Süßungsmittel. Lebensmittelgeschäfte und Supermärkte bieten sie in flüssiger Form und als Tabletten an. Zum Kochen und Backen koch- und backfesten Süßstoff verwenden.

Teigwaren
Sie werden als Eier-, Vollkorn-, Roggenteigwaren-, Teigwaren mit Zusätzen oder eifreie Teigwaren angeboten. Jeder Hersteller gibt die richtige Garzeit an. Diese sollten Sie genau einhalten. Teigwaren werden in reichlich kochendes Salzwasser und im offenen Topf sprudelnd gekocht. Etwa ½ Eßlöffel Öl im Kochwasser verhindert das Zusammenkleben. Vollkornnudeln schmecken besonders kernig und würzig. Sie sind ballaststoff- und vitaminreicher als herkömmliche Teigwaren.

Tiefgefrorene Produkte
Tiefgefrieren ist eine schonende Art der Konservierung. Obst, Gemüse, Fisch, Geflügel, Krabben, Kräuter eignen sich sehr gut dafür. Tiefgefrorene Produkte haben einige Vorteile: Beim Zubereiten entsteht kein Abfall, Vorbereitungsarbeiten entfallen, die Garzeiten sind kürzer. Achten Sie auch hier auf die Angaben der Hersteller. Oft stehen auf der Packung Nährwertangaben und das Haltbarkeitsdatum, die Ihnen die Verwendung erleichtern. Kaufen Sie nur tiefgefrorene Produkte, deren Verpackung einwandfrei ist. Sie sollten keine Reifschicht aufweisen. Verzichten Sie auf Ware, die über die Stapelmarke hinaus gelagert wird.

Tomaten häuten
Die Tomaten kreuzweise einschneiden, mit kochendem Wasser überbrühen und die aufgesprungene Tomatenhaut mit dem Messer abziehen.

Tontopf
Es handelt sich um einen Topf mit Deckel aus unglasiertem Ton. Die Tonform sollten Sie vor der Benutzung etwa 15 Minuten in kaltes Wasser stellen. Das aufgesaugte Wasser wird beim Garen als Dampf abgegeben. Wichtig: Die Form sollte in den kalten Backofen gestellt werden. Im Tontopf können Sie Fleisch, Geflügel oder Fisch mit Gemüse ohne Fett garen.

Zucker
Zucker ist für schlanke Diabetiker mit guter Stoffwechseleinstellung unter intensivierter Insulintherapie in Mengen bis max. 30 g pro Tag in ballaststoffreichen Mahlzeiten erlaubt. 12 g Zucker entsprechen 12 g Kohlenhydraten und ca. 50 Kalorien.

Zuckeraustauschstoff
Dazu gehören Fructose, Sorbit, Isomalt, Xylit und Mannit. Der Energiegehalt schwankt zwischen 2 und 4 Kalorien pro Gramm. Ihre Koch- und Backeigenschaften sind unterschiedlich gut.

Kohlenhydrat-Austauschtabelle

Folgende Nahrungsmittelmengen entsprechen 1 Kohlenhydratportion (10–12 g KH = 1 BE)

	Nahrungsmittelmenge
Getreideerzeugnisse (1 BE enthält etwa 60 kcal)	
Leinsamenbrot, Roggenvollkornbrot, Simonsbrot, Steinmetzbrot, Grahambrot, Pumpernickel, Weizenvollkornbrot	30 g
Roggenbrot, Roggenmischbrot, Roggenbrötchen, Roggentoast, Weißbrot, -brötchen, Weizenmischbrot, Weizentoastbrot	25 g
Knäckebrot, Vollkornzwieback	20 g
Kräcker, Salzstangen, -brezeln, Zwieback	15 g
Buchweizengrütze, Cornflakes, Gerstengrütze, Grünkernmehl, Reismehl, Weizenmehl Type 405, Kartoffel-, Mais-, Reis-, Weizenstärke, Puddingpulver, Sago, Reis, roh	15 g
Reis, gekocht	45–50 g
Buchweizenvollmehl, Gerstengraupen, Grünkern, Haferflocken, Hafermehl, Hafergrütze, Hirse, Mais, Maismehl, Paniermehl, Roggen, Roggenmehl, Roggenvollkornmehl, Weizen, Weizenvollkornmehl, Weizengrieß, Weizengrütze, Teigwaren, roh	20 g
Teigwaren, gekocht	50–60 g
Roggenkeime	40 g
Weizenkeime	45 g
Kartoffeln und Kartoffelerzeugnisse (1 BE enthält je nach Zubereitung etwa 50–100 kcal)	
Kartoffeln	80 g
Kartoffelflocken-, -knödelmehl, -puffermehl, -püreemehl	15 g
Kartoffelsticks	25 g
Kartoffelchips	30 g
Pommes frites	30 g
Milch und Milcherzeugnisse (1 BE enthält je nach Fettgehalt 90–170 kcal)	
Vollmilch, Trinkmilch mit 1,5% Fett, Magermilch Joghurt mit 3,5% Fett, mit 1,5% Fett, mit 0,3% Fett, Dickmilch mit 3,5% Fett, mit 1,5% Fett, mit 0,3% Fett, Kefir mit 3,5% Fett, mit 1,5% Fett, mit 0,3% Fett, Buttermilch, Sauermilch	250 ccm
Kondensmilch mit 4% Fett	90 ccm
Kondensmilch mit 7,5% Fett	120 ccm
Kondensmilch mit 10% Fett	90 ccm
Magermilchpulver	20 g
Vollmilchpulver	30 g

	Nahrungsmittelmenge
Gemüse	
1. Gruppe (Portionen bis 200 g enthalten etwa 40 kcal und sind ohne Anrechnung auf die Kohlenhydratverordnung erlaubt)	
Artischocke, Aubergine, Avocado (hoher Fettgehalt!), Bambussprossen, Bleichsellerie (Stauden-), Blumenkohl, grüne Bohnen, Bohnenkeimlinge, Broccoli, Butterpilze, Champignons, Chicorée, Chinakohl, Eisbergsalat, Endiviensalat, Feldsalat, Fenchel, Gurken, Grünkohl, Knollensellerie, Kohlrabi, Kopfsalat, Kürbis, Lauch (Porree), Mangold, Möhren (Karotten), Paprikaschote, Palmito, Pfifferlinge, Radicchio, Radieschen, Rettich, Rhabarber, Rosenkohl, Rote Bete, Rotkohl, Sauerkraut, Schwarzwurzeln, Sojabohnen (hoher Eiweiß- und Fettgehalt!), Sojabohnenkeimlinge, Spargel, Spinat, Steckrüben, Steinpilze, Stielmus, Tomaten, Weißkohl, Wirsing, Zucchini, Zwiebeln	
2. Gruppe (1 BE enthält etwa 70 kcal und ist nur mit Anrechnung auf die Kohlenhydratverordnung erlaubt)	
Dicke Bohnen	170 g
Erbsen, frisch, tiefgefroren, Konserve	120 g
Maiskörner	70 g
Maiskolben	190 g
3. Gruppe (1 BE enthält etwa 75 kcal und ist nur mit Anrechnung auf die Kohlenhydratverordnung erlaubt)	
Bohnen, weiß/braun/rot	25 g
Erbsen, gelb/grün	20 g
Kichererbsen	25 g
Kidneybohnen	25 g
Linsen	25 g
Sojabohnen	200 g

Obst (1 BE enthält etwa 60 kcal)

	Nahrungsmittelmenge
Banane ohne Schale, Hagebutten	60 g
Granatapfel ohne Schale, Kakipflaumen, Litschis, Weintrauben	70 g
Kumquat, Mirabellen ohne Stein	80 g
Ananas ohne Schale, Banane mit Schale, Birne ohne Schale, Kirschen, süß ohne Stein, Mango ohne Schale, Mirabellen mit Stein, Passionsfrucht ohne Schale, Reineclauden ohne Stein	90 g
Apfel ohne Schale, Birne mit Schale, Kirschen sauer ohne Stein, Kirschen, , süß mit Stein, Nektarinen ohne Stein, Reineclauden mit Stein, Zuckermelone (Honig-), ohne Schale	100 g
Apfel mit Schale, Kirschen, sauer ohne Stein, Kiwi ohne Schale, Nektarinen mit Stein, Pflaumen ohne Stein	110 g
Aprikosen ohne Stein, Johannisbeeren, schwarz, Mandarinen ohne Schale, Pflaumen mit Stein, Tangarine ohne Schale	120 g
Apfelsine ohne Schale, Aprikosen mit Stein, Grapefruit ohne Schale, Johannisbeeren weiß, Passionsfrucht mit Schale, Pfirsich ohne Stein	130 g
Kiwi mit Schale, Pfirsich mit Stein	140 g
Preiselbeeren, Quitte, Stachelbeeren, Wassermelone ohne Schale, Zuckermelone (Honig-) mit Schale	150 g
Brombeeren, Guajaven, Heidelbeeren (Blaubeeren), Himbeeren, Holunderbeeren, Johannisbeeren, rot	170 g
Apfelsine mit Schale, Mandarinen mit Schale, Tangarine mit Schale	180 g
Erdbeeren, Granatapfel mit Schale, Grapefruit mit Schale	200 g
Sanddornbeeren	230 g
Wassermelone mit Schale	250 g
Karambole (Sternfrucht)	300 g
Papaya, ohne Schale	600 g
Trockenobst	
Apfel, Aprikosen, Datteln ohne Stein, Feigen, Pfirsich, Pflaumen, Rosinen	20 g
Banane	15 g
Obstkonserven	
Dunstobst	wie frisches Obst
Diabetiker-Kompott	Deklaration beachten!

Nüsse und Hartschalenobst (ohne Schalen)

Wegen hohem Fettgehalt die Kalorien pro BE beachten (Werte in Klammern)!

	Nahrungsmittelmenge
Cashewnüsse	40 g (215)
Erdnüsse	100 g (539)
Haselnüsse	110 g (663)
Maronen/Eßkastanien	30 g (60)
Kokosnuß	250 g (845)
Mandeln	130 g (720)
Paranüsse	300 g (1863)
Pistazien	80 g (444)
Walnüsse	100 g (622)

Sonstiges (1 BE enthält etwa 50 kcal)

Fruchtzucker	12 g
Sorbit	12 g
Xylit	12 g
Zucker	12 g
Diabetiker-Konfitüre mit Zuckeraustauschstoffen	25 g
Konfitüre mit Zucker	20 g

Obstsäfte

(unvergoren, ohne Zuckerzusatz; 1 BE enthält etwa 50 kcal)

Apfelsaft, Brombeersaft, Grapefruitsaft, Himbeersaft	130 ccm
Holunderbeersaft	150 ccm
Johannisbeersaft, rot und schwarz	90 ccm
Orangensaft	120 ccm
Sauerkirschsaft	120 ccm
Diabetiker-Obstsaft, Diabetiker-Obstsaftgetränk	Deklaration beachten!

Gemüsesäfte (1 BE enthält etwa 55 kcal)

Karottensaft	250 ccm
Rote-Bete-Saft	150 ccm
Tomatensaft	400 ccm

Quelle: Die Zusammensetzung der Lebensmittel, Nährwerttabellen 1990/91; 4. revidierte und ergänzte Auflage; S. W. Souci – W. Fachmann – H. Kraut; Wissenschaftliche Verlagsges. mbH, Stuttgart. Die große GU-Nährwerttabelle; erweiterte Neuausgabe 1990/91. Kohlenhydrat- und Fettaustauschtabelle für Diabetiker, 5. überarbeitete Auflage 1991, Georg Thieme Verlag

Energiegehalt von fettarmen Käse- und Aufschnittsorten

Lebensmittel	% Fett absolut	Fett in g	kcal	kJ	Cholesterin in mg
Frischkäse					
60 g Magerquark	–	–	45	190	1
60 g Speisequark, (20% Fett i. Tr.)	5	3	65	270	10
60 g körniger Frischkäse (20% Fett i. Tr.)	4	3	60	250	10
Schmelzkäse					
30 g Schmelzkäse (20% Fett i. Tr.)	10	2	60	250	*
30 g Schmelzkäse (30% Fett i. Tr.)	15	4	65	275	*
30 g Kochkäse (10% Fett i. Tr.)	–	1	40	180	*
30 g Kochkäse (20% Fett i. Tr.)	3– 5	3	60	250	*
Schnittkäse					
30 g Edamer Käse (30% Fett i. Tr.)	16–17	5	85	350	16
30 g Tilsiter Käse (30% Fett i. Tr.)	17	5	90	380	14
30 g Butterkäse (30% Fett i. Tr.)	16–17	5	80	335	14
30 g Goudakäse (30% Fett i. Tr.)	16–17	5	80	335	16
Weichkäse					
30 g Camembert (30% Fett i. Tr.)	12–15	4	70	280	11
30 g Hand-, Harzer Käse (10% Fett i. Tr.)	1	–	40	175	2
30 g Limburger Käse (20% Fett i. Tr.)	9	3	60	250	9
30 g Romadur (20% Fett i. Tr.)	9	3	60	250	9
30 g Romadur (30% Fett i. Tr.)	14–15	4	70	290	*

Lebensmittel	Fett in g	kcal	kJ	Cholesterin in mg
Aufschnitt				
30 g Lachs- oder Nußschinken	2	40	170	21
30 g roher, geräucherter Schinken	10	120	500	33
30 g gekochter Schinken	4	60	250	26
30 g Bündner Fleisch	3	80	335	42
30 g Kasseler, gegart	5	70	295	42
100 g Tatar	3	110	460	70
30 g Corned beef	2	40	170	21
30 g Schweinebraten, mager	8	90	380	42
30 g Frühstücksfleisch	8	90	380	*
Geflügelaufschnitt				
50 g Puter in Aspik	3	55	230	9
50 g Puter-Cocktail-Sülze	3	55	230	9
30 g Kräuterlyoner	4	60	250	9
30 g Gutswurst	2	50	210	9
30 g Krakauer	7	90	380	9
30 g Bierschinken	3	45	190	26
30 g Fleischkäse	7	75	315	26
30 g Fleischwurst	6	75	315	26
30 g Gelbwurst	5	65	270	*
30 g Jagdwurst	3	50	210	26
30 g Leberwurst, mager	8	100	420	26
30 g Mortadella	6	70	295	26
30 g Delikateßrotwurst	3	40	170	26
30 g Salami	8	100	420	26
30 g Truthahnbrust, geräuchert	–	40	170	18
Würstchen				
100 g Frankfurter	24	270	1135	*
1 Würstchen	20	250	1050	65
100 g Wiener Würstchen	24	280	1175	85
1 Ei	6	84	351	314

* Es liegen keine Daten vor.

Quelle: siehe Seite 113

Der Energiegehalt von Getränken

Alkoholfreie Getränke
Ohne Anrechnung sind erlaubt: Mineralwasser, Kaffee, Tee und Diät-Cola und etwa ½ Flasche Diätlimonaden.
Bei Fruchtsäften ohne Zuckerzusatz, Diabetiker-Fruchtsäften und Diabetiker-Fruchtsaftgetränken müssen die Kohlenhydrate (BE) berechnet werden. Dabei unbedingt die Angaben auf der Flasche beachten. Bei Vollmilch, Magermilch, Buttermilch, Kefir, Dickmilch, Joghurt muß sowohl der Kohlenhydrat- als auch der Energiegehalt beachtet werden (siehe Kohlenhydrat-Austauschtabelle Seite 112).

Alkoholhaltige Getränke	Menge	kcal/kJ
Diabetiker- oder Diätpils	1 Flasche = 0,33 l	130/550
Weißwein, trocken	1 Glas = ⅛ l	100/420
	1 Schoppen = ¼ l	200/840
Rotwein, trocken	1 Glas = ⅛ l	90/380
	1 Schoppen = ¼ l	185/780
Apfelwein, durchgegoren	1 Glas = ¼ l	110/460
Diabetiker-Sekt	1 Glas = 8 cl	60/250
Cognac, 40% Vol.	1 Glas = 2 cl	50/210
Gin, 45% Vol.	1 Glas = 2 cl	60/250
Kirschwasser, 40% Vol.	1 Glas = 2 cl	50/210
Klare Schnäpse, 32% Vol.	1 Glas = 2 cl	40/170
Korn, 32% Vol.	1 Glas = 2 cl	40/170
Obstbranntwein, 45% Vol.	1 Glas = 2 cl	60/250
Rum, 54% Vol.	1 Glas = 2 cl	70/290
Weinbrand, 38% Vol.	1 Glas = 2 cl	50/210
Whisky, 43% Vol.	1 Glas = 4 cl	100/420
Getränke nach Rezepten aus diesem Buch		
Eiskaffee	1 Glas = 200 ccm	50/210
Zitronentee	1 Glas = 200 ccm	10/ 40
Gurkenbowle	1 Glas = 200 ccm	145/600
Kalte Ente	1 Glas = 200 ccm	140/585
Erdbeeren mit Sekt	1 Glas = 200 ccm	185/775
Waldmeisterbowle	1 Glas = 200 ccm	140/585

Alkohol ist nur nach Rücksprache mit dem Arzt erlaubt.

Süßungsmittel	Anrechnung	Anmerkungen, Verwendung
Zucker	12 g = 1 BE (50 kcal/210 kJ)	Sollte nur in »verpackter« Form (mit Ballaststoffen) verzehrt werden. Achtung: Energiegehalt der jeweiligen Produkte beachten!
Fruchtzucker (im Handel als Fruchtzucker oder Fruktose)	12 g = 1 BE (50 kcal/210 kJ)	Höhere Süßkraft als Zucker, etwa 20% weniger nehmen, bräunt leicht; Teige bei niedrigerer Backtemperatur länger backen.
Sorbit (im Handel als Diabetiker-Zucker oder Diabetiker-Süße)	12 g = 1 BE (50 kcal/210 kJ)	Gleiche Süßkraft wie Zucker, kann zu Unverträglichkeiten (zum Beispiel Blähungen) führen.
Süßstoffe, die aus Saccharin und Cyclamat bestehen	anrechnungsfrei	Für Getränke, zum Kochen und Backen geeignet.
die aus Aspartame bestehen	anrechnungsfrei	Für kalte Speisen und Getränke geeignet. Nicht geeignet zum Kochen und Backen.
die aus Acesulfam bestehen	anrechnungsfrei	Für kalte und heiße Speisen geeignet.

Der Inhalt des Buches von A–Z

Zum Gebrauch

Hier stehen die Rezepttitel und Sachbegriffe in alphabetischer Reihenfolge. Damit Sie Rezepte mit bestimmten Zutaten noch schneller finden können, stehen in diesem Register zusätzlich auch die Hauptzutaten wie Geflügel und Kartoffeln, ebenfalls alphabetisch geordnet und halbfett gedruckt über den entsprechenden Rezepten.

Rezeptregister

Der Inhalt des Buches von A–Z

Sachregister

A

B

C/D

E

F/G

H/K

L/M

N

R/S

T

U/V

Z

Im Weltbild Verlag ist außerdem erschienen

Dipl.-Ernähr.-Wiss. Edita Pospisil
und Prof. Dr. med. Peter Schwandt/
Prof. Dr. med. Werner O. Richter
CHOLESTERINARM ESSEN

ISBN 3-8289-1896-4
Best.-Nr. 145 285
21,0 x 28,0 cm
128 Seiten
16,90 DM

Das Kochbuch für alle, die den Cholesterinspiegel senken und ihre Ernährungsgewohnheiten umstellen wollen. Mit einer medizinischen Einführung von Prof. Dr. med. Peter Schwandt und Prof. Dr. med. Werner O. Richter. Viele abwechslungsreiche Rezeptideen für fettarme und ballaststoffreiche Gerichte, die der ganzen Familie schmecken: Gemüse- und Getreidemahlzeiten, feine Brotaufstriche, Fisch- und Fleischgerichte, Desserts und Gebäck. Außerdem: Eine ausführliche Ernährungslehre und Tagespläne mit dem richtigen Verhältnis der gesättigten, einfach und mehrfach ungesättigten Fettsäuren erleichtern die praktische Umsetzung der Empfehlungen.

Die Autoren

Luise Nassauer

ist Ernährungsmedizinische Beraterin und Diabetes-Beraterin DDG. Nach ihrer Ausbildung sammelte sie praktische Erfahrungen in verschiedenen Kliniken und Diätküchen. Sie hält regelmäßig Vorträge, schreibt über die diätetische Behandlung bei Diabetes mellitus und ist Mitlied im Ausschuß »Ernährung« der Deutschen Diabetes-Gesellschaft.

Annemarie Fröhlich-Krauel

ist Diätassistentin und Ernährungsberaterin DGE. Nach ihrer Ausbildung arbeitete sie in Diätküchen und an Diätschulen. Am Universitätsklinikum Frankfurt/Main entwickelte sie das Konzept für eine gezielte Diätberatung. Seit langem schreibt sie regelmäßig zum Thema: »Diät bei Diabetes« und ist Mitautorin eines Ratgebers für Diabetiker.

Prof. Dr. med. Rüdiger Petzoldt

ist Direktor der Diabetesklinik in Bad Oeynhausen. Er ist Mitglied in zahlreichen deutschen und internationalen medizinischen Gesellschaften. Sein Spezialgebiet sind wissenschaftliche Untersuchungen über Verlauf und Behandlung des Diabetes. Er ist Autor von vielen Veröffentlichungen zum Thema »Diabetes mellitus«.

Odette Teubner

Die international renommierte Fotografin arbeitet ausschließlich im Studio für Lebensmittelfotografie Teubner. In ihrer Freizeit ist sie begeisterte Kinderportraitistin.

Kerstin Mosny

Nach dem Abitur besuchte Kerstin Mosny eine Fachhochschule für Fotografie in der französischen Schweiz. Danch arbeitete sie als Assistentin unter anderem bei dem Food-Fotografen Jürgen Tapprich in Zürich. Seit vielen Jahren arbeitet sie im Fotostudio Teubner.

Impressum

Das Coverfoto zeigt Huhn Marengo (Rezept Seite 58).

Genehmigte Lizenzausgabe für Verlagsgruppe Weltbild, Augsburg

Fotografien: Odette Teubner, Kerstin Mosny
Umschlaggestaltung: Heinz Kraxenberger
Gesamtherstellung: Appl, Wemding
Printed in Germany

ISBN 3-8289-1897-2

2003 2002 2001
Die letzte Jahreszahl gibt die aktuelle Lizenzausgabe an.